ARISTOTE.
UNE PHILOSOPHIE PRATIQUE

Est classique le livre qu'une nation ou un groupe de nations ou les siècles ont décidé de lire comme si tout dans ses pages était délibéré, fatal, profond comme le cosmos et susceptible d'interprétation sans fin.

N'est pas classique (je le répète) un livre qui nécessairement possède tel ou tel mérite, mais un livre que les générations humaines, pressées par des raisons différentes, lisent avec une ferveur préalable et une mystérieuse loyauté.

Jorge Luis Borges

TRADITION DE LA PENSÉE CLASSIQUE
Directeur : Monique DIXSAUT

ARISTOTE.
UNE PHILOSOPHIE PRATIQUE

PRAXIS, POLITIQUE
ET BONHEUR

par

Pierre RODRIGO

PARIS
LIBRAIRIE PHILOSOPHIQUE J. VRIN
6, Place de la Sorbonne, Ve
—
2006

La citation de Borges présentée en exergue est extraite de *Enquêtes,* trad. Paul et Sylvia Benichou, coll. Folio / Essais, Gallimard, Paris, 1967, p. 251-252

ISBN 2-7116-1894-3
Imprimé en France

www.vrin.fr

CHAPITRE PREMIER

ARISTOTE ET LE SAVOIR POLITIQUE

LA QUESTION DE L'ARCHITECTONIE

On sait qu'Aristote écrit, au premier chapitre de l'*Éthique à Nicomaque,* à propos du meilleur des biens humains ou du « Souverain Bien » :

> On sera d'avis qu'il dépend de la science suprême et architectonique par excellence (*tès kuriôtatès kai malista architektonikès*). Or une telle science est manifestement la politique (*hè politikè phainetai*) (I, 1, 1094 a 26-28).

Cela est bien connu, mais il ne sera peut-être pas inutile d'interroger plus avant la signification que peut revêtir dans ces lignes la formule *architektonikè epistèmè* appliquée à la politique. Pour ce faire, il nous faudra nous demander ce qu'est, pour Aristote, la « science politique » (*epistèmè politikè*); nous aurons donc à déterminer ce que veut dire « savoir » en politique et qui détient ce savoir. Lorsque ces points auront été éclaircis nous pourrons en venir au statut qu'il convient d'accorder à la thèse de l'architectonie politique. Indiquons néanmoins dès à présent, pour faciliter la compréhension d'ensemble du propos, que cette thèse ne représente selon nous qu'un moment d'une argumentation dialectique critique dirigée *contre Platon,* et qu'elle ne constitue, en conséquence, ni une thèse maîtresse de l'aristotélisme, ni non plus une simple thèse de jeunesse d'un Aristote encore largement platonicien.

I. L'ÉTAT DE LA QUESTION

Pour situer de façon générale l'enjeu et les difficultés de la question de l'articulation aristotélicienne de l'éthique à la politique, on peut dire qu'il y a trois façons d'aborder le problème de l'architectonie politique.

– Ou bien on considère que, selon Aristote, la politique enveloppe l'éthique en raison même de son caractère « architectonique » (interprétation qui présente l'avantage immédiat de s'accorder avec la lettre du texte de *Eth. Nic.* I, 1, avec sa lettre mais peut-être pas avec son esprit).

– Ou bien on considère, à l'inverse, qu'Aristote conçoit que l'éthique enveloppe la politique. Il faut alors rejeter la thèse de l'architectonie du savoir politique du côté d'un platonisme de jeunesse du Stagirite.

– Ou bien, enfin, on englobe l'éthique et la politique dans une « philosophie des choses humaines », celle qu'évoque, comme nous le verrons, le dernier chapitre de l'*Éthique*. La question reste alors ouverte de savoir ce que signifie au chapitre I, 1, l'architectonie.

Un exemple caractéristique de la première position interprétative est fourni par l'ouvrage de Günther Bien, *Die Grundlegung der politischen Philosophie bei Aristoteles* [1]. Cet ouvrage commence précisément ainsi : « La fondation de la philosophie politique chez Aristote, tel est le thème de ce livre », et son auteur prend soin d'ajouter qu'il n'entend pas seulement établir que la philosophie politique constitue une branche de l'aristotélisme, mais que « *la* philosophie pratique en général, en tant que politique, a trouvé chez Aristote sa toute première fondation ». Nous sommes donc bien en présence d'une thèse visant à établir l'existence d'une constitution spécifiquement aristotélicienne de la « philosophie politique » *comme telle,* et qui conçoit que cette philosophie politique englobe l'ensemble de la « philosophie pratique », *éthique comprise.* C'est également la position qu'adopte Richard Bodéüs dans son livre *Le Philosophe et la Cité,* lorsqu'il écrit :

> La position que défendait Aristote [...] ne laisse aucun doute : les exposés que nous livrent l'*Éthique* et la *Politique* appartiennent à une même étude qualifiée de « politique » [...]. La division des problèmes au sein de l'étude « politique » – car il s'agit bien de cela – n'entraîne pas,

1. Freiburg-München, Alber, 1973.

dans l'esprit d'Aristote, la création d'autant de disciplines philosophiques spécifiques[1].

Cette position exégétique pourrait encore être illustrée par les noms d'Ernest Barker, Maurice Defourny, Joseph Souilhé, Harold Joachim, Jules Tricot ou David Ross. En vérité, cette interprétation remonte au Commentaire de *Eth. Nic.* I, 1 donné par Aspasius, et à une remarque d'Alexandre d'Aphrodise dans le proème de son Commentaire du livre I des *Premiers Analytiques*. Elle peut se prévaloir d'une base textuelle apparemment très solide en convoquant en sa faveur, non seulement la *Rhétorique* et les *Magna Moralia*[2], mais aussi et surtout le passage de l'*Éthique* où Aristote écrit : *hè men oun methodos toutôn ephietai politikè tis ousa*[3] – ce que l'on traduit usuellement par :

> Voilà donc les buts de notre présente enquête, qui constitue une forme de politique (Tricot),

ou

> La présente discipline est donc bien, en un sens, la politique (Gauthier-Jolif).

Nous aurons à nous demander si cette base textuelle est aussi inébranlable qu'elle le paraît. Quoi qu'il en soit, remarquons que toutes ces interprétations doivent faire face au même problème : si le nom de la discipline englobant les questions éthiques et celles politiques est « politique », comme semblent bien le suggérer les lignes 1094 b 10-11 de l'*Éthique à Nicomaque,* comment articuler cette « politique au sens large » (pour le dire dans les termes de Günther Bien) à la « philosophie des choses humaines » (*hè peri ta anthrôpeia philosophia*) évoquée en conclusion de l'*Éthique*[4] ? La *politikè tis* du chapitre I, 1 est-elle identique à la *philosophia* du chapitre X, 10 ? On peut le postuler, mais les textes ne permettent guère de le vérifier. Il y a donc là un problème interprétatif sérieux; d'autant plus sérieux qu'on risque d'attribuer à Aristote une pléthore de politiques, si l'on ose dire :

1. Paris, Les Belles Lettres, 1982, p. 84-85.
2. *Rhet.* I, 2, 1356 a 25-28 ; *Magn. Mor.* I, 1, 1181 b 25-1182 a 1.
3. *Eth. Nic.* I, 1, 1094 b 10-11.
4. *Eth. Nic.* X, 10, 1181 b 15.

– Une « politique au sens large », qui est l'englobant de toutes les questions abordées par le Stagirite dans le domaine des « choses humaines ».

– Une politique constitutionnelle, celle du livre III de la *Politique*.

– Une politique « idéale », qui serait celle de *Pol.* VII-VIII.

– Une politique « empiriste » ou réaliste, enfin, celle de *Pol.* IV-VI, dont on ne voit guère en fait comment elle pourrait constituer un englobant pour l'éthique.

Venons-en au deuxième type d'interprétation, qui est l'inverse du précédent. On y considère que l'éthique aristotélicienne enveloppe la politique, ce qui conduit nécessairement à rejeter l'idée d'une politique architectonique du côté du platonisme d'un « jeune Aristote » (à supposer, bien entendu, qu'on attribue cette thèse à Aristote lui-même). Cette lecture a été argumentée avec la ferveur que l'on sait par le Père René-Antoine Gauthier, qui n'a pas hésité à écrire que « la vraie politique, c'est la morale », là où Joseph Souilhé soutenait tout à l'opposé que « la morale a son achèvement et sa perfection dans la politique » [1]. La radicalité de cette interprétation oblige bien évidemment à retourner à son auteur la question de savoir si, pour le Philosophe, la finalité de la prudence politique est effectivement le bien moral, et si l'on ne rabat pas *volens nolens,* en répondant par l'affirmative, Aristote sur Platon. De là la polémique engagée contre Gauthier par Richard Bodéüs et Pierre Aubenque...

Cependant, l'interprétation du rapport entre éthique et politique proposée par Pierre Aubenque implique *elle aussi* un englobement de la politique par l'éthique, puisqu'elle conduit à soutenir que

> la légalité est l'adjuvant d'une moralité défaillante (...) : la cité, par la législation qu'elle institue et plus encore par la force contraignante dont elle accompagne cette législation, se contente de fournir le cadre, les conditions extérieures de possibilité de l'action vertueuse. *Le rôle de la*

1. *Cf.* R.-A. Gauthier (et J.-Y. Jolif), *Aristote. L'Éthique à Nicomaque.* Introduction, traduction et commentaire, 2 t., Louvain-Paris, Béatrice-Nauwelaerts, 1970[2], II-1, p. 12 ; J. Souilhé (et G. Cruchon), « Aristote : l'Éthique Nicomachéenne. Livres I et II. Traduction et commentaire », *Archives de Philosophie,* VII-1, 1929, 1-144 ; ici p. 54.

politique est de rendre les hommes bons par la contrainte d'une législation[1].

Par paraphrase, on pourrait dire qu'on ne doit plus soutenir, avec Gauthier, que « la vraie politique, c'est la morale », mais plutôt que « la bonne politique conduit à la morale », et qu'elle y conduit d'une façon toute extérieure, c'est-à-dire d'une façon non morale. Ainsi comprise la politique ne peut plus être souverainement architectonique vis-à-vis de l'éthique, c'est pourquoi, évoquant le livre I de l'*Éthique à Nicomaque,* Pierre Aubenque écrit :

> On a l'impression que, dans les parties sans doute les plus anciennes des *Éthiques,* <Aristote> a encore quelque mal à dissocier la nouvelle dimension éthique de la nébuleuse politique d'où il s'efforce pourtant de la dégager[2].

Ce seraient donc finalement des considérations d'ordre génétique, c'est-à-dire des considérations liées à l'évolution dans le temps de la pensée d'Aristote, qui expliqueraient le passage de la thèse architectonique de jeunesse à une conception *plus instrumentale* de la politique comme auxiliaire de la morale – une politique qui, conclut l'interprète, « doit donner ses chances les meilleures à la vertu ». Il semble dès lors que la « philosophie des choses humaines » d'Aristote doit être comprise (sinon dans ses *moyens,* du moins dans ses *buts*) comme une éthique, et qu'il faut abandonner un large pan de la politique aristotélicienne à l'idéalisme platonicien de jeunesse. On en vient donc, comme dans le cas de la première voie interprétative mais en procédant à l'inverse, à penser que la « philosophie des choses humaines » est, en son essence, constituée par l'un des deux pôles du couple éthique et politique.

La troisième interprétation, enfin, refuse d'identifier la « philosophie des choses humaines » à l'éthique ou à la politique. À notre sens, ce refus est fondé car il permet, seul, d'ouvrir véritablement la *question* de l'architectonie. Donnons-en une formulation extraite de l'ouvrage de Solange Vergnières, *Éthique et politique chez Aristote* :

> Au livre I de l'*Éthique à Nicomaque,* l'éthique apparaît comme une partie (ou une introduction) de cette « science architectonique » qu'est la

1. P. Aubenque, « Politique et éthique chez Aristote », *Ktema,* V, 1980, 211-221 ; texte cité, p. 217 (nous soulignons).
2. *Ibid.*, p. 215.

> politique et qui a pour fin le bien de l'homme ; elle possède une finalité spécifique, le bien de l'individu, dont la réalisation est largement conditionnée par celle du bien de la cité. En revanche, au livre VI, alors qu'il établit une classification des diverses formes de prudence, Aristote semble accorder à l'éthique davantage d'autonomie (...), elle se développe à côté de l'économie domestique et de la politique (...). Toutes ces disciplines deviennent des éléments de cette « philosophie des choses humaines » qu'Aristote évoque à la fin de l'*Éthique à Nicomaque*[1].

Bien que nous ne partagions pas le présupposé initial qui voit dans l'éthique une « partie » de (ou une « introduction » à) la politique architectonique, la question de la *cohérence d'ensemble* de la « philosophie des choses humaines » aristotélicienne nous paraît correctement posée par ces lignes : cette question est bien en effet de savoir, d'une part, comment s'articulent les « éléments » de cette philosophie et, d'autre part, quel rôle joue l'idée d'architectonie politique dans la détermination aristotélicienne de cette articulation.

II. La nomothétique et la région des « choses humaines »

Notre propos étant d'interpréter l'articulation de l'éthique à la politique, il n'est sans doute pas de méthode plus sûre que d'étudier tout d'abord la dernière page de l'*Éthique à Nicomaque,* où Aristote annonce précisément son prochain cours de politique :

> Nos devanciers ayant laissé inexploré ce qui touche à la nomothétique (*to peri tès nomothesias*), nous ferons sans doute bien d'examiner nous-mêmes cette question, et certes aussi (*kai dè*), en général, celle de la constitution (*politeia*), afin de parachever dans la mesure du possible la philosophie des choses humaines (*hè peri ta anthrôpeia philosophia*) (X, 10, 1181 b 12-15).

Cette dernière formule est remarquable car elle constitue la seule occurrence de l'expression *hè peri ta anthrôpeia philosophia.* Lorsqu'on considère son contexte, il apparaît qu'en concluant son propos l'auteur de l'*Éthique* n'annonce pas une continuation ou un approfondissement

1. S. Vergnières, *Éthique et politique chez Aristote,* Paris, P.U.F., 1995, p. VIII.

en quelque sorte naturels de ce qu'il a lui-même précédemment établi[1] – c'est pourquoi il ne faut pas traduire par « *notre* philosophie des choses humaines » (Tricot, Ross), mais par « *la* philosophie des choses humaines » (Gauthier-Jolif, Bodéüs, Defradas) –, mais qu'il annonce au contraire une critique dirigée contre d'autres penseurs. En termes plus précis, Aristote prend position contre ses « devanciers » en dénonçant chez eux une lacune qu'il juge totale : avant lui, écrit-il, on a laissé inexploré « ce qui touche à la nomothétique ». Ce n'est donc pas dire que l'*Éthique*, une fois achevée en et pour elle-même, devrait être complétée par l'exposé d'une politique aristotélicienne, afin que la spéculation philosophico-théorétique *sur* les « choses humaines » soit en droit achevée en un système complet constituant la philosophie pratique d'Aristote. On est alors conduit à penser que les lignes finales de l'*Éthique* n'indiquent pas tant le « programme » (Jaeger, Newman) ou « l'esquisse » (Tricot) de la *Politique,* que le *point aveugle* des recherches entreprises avant Aristote; un point aveugle qui a rendu impossible la constitution théorique effective de la région des « choses humaines ». Or ce point d'aveuglement théorique est explicitement désigné dans le texte : il ne s'agit de rien d'autre que de la nomothétique ! Il y a évidemment là de quoi s'étonner, mais il ne sert sans doute à rien de se demander si l'auteur de ces lignes (qu'on suspectera aussi bien d'être inauthentiques) ignore, comme il le semble, l'existence de la *République* et des *Lois* de Platon[2]. Mieux vaut se demander quel *sens* Aristote peut bien conférer à la *nomothesia*, c'est-à-dire au « savoir » en matière de législation, pour soutenir comme il le fait que rien de consistant n'a encore été dit sur elle, ce qui veut dire que personne ne l'a encore constituée en *objet théorique* digne de ce nom.

Puisque, comme on le sait, Aristote considère la *phronèsis nomothetikè* comme l'espèce « architectonique » parmi les diverses formes de la prudence politique[3], il faudrait entreprendre en ce lieu une

1. *Cf.* R. Bodéüs, *op. cit.*, p. 150-151 et, pour la thèse contraire, R.-A. Gauthier, *op. cit.*, II-2, p. 912.

2. « L'auteur de ces lignes ignore-t-il donc la *République* et les *Lois* de Platon ? », se demandent Gauthier et Jolif, avant de conclure sur un mode très jaegérien que la « politique expérimentale » du dernier Aristote pouvait fort bien le conduire à railler en Platon un « législateur en chambre » (*op. cit.*, II-2, p. 911-912).

3. Cf. *Eth. Nic.* VI, 8, 1141 b 24-25 : *tès de peri polin hè men hôs arkhitektonikè phronèsis nomothetikè*. Nous reviendrons, au § IV, sur l'interprétation de ce passage.

analyse complète de la *phronèsis* politique. Nous n'en avons évidemment pas ici la possibilité et il nous faut nous contenter de rappeler, sans entrer dans le détail de l'interprétation, que la nomothétique est comprise par Aristote comme étant la faculté de discernement du législateur qui s'avère capable d'instituer des lois convenant bien à tels citoyens dans telle cité, c'est-à-dire des lois pouvant rendre ces citoyens meilleurs qu'ils ne le sont. La nomothétique est donc, sous ses deux aspects critique et épitactique, une *pensée agissante* qui juge des possibilités d'un certain devenir commun (c'est son aspect « pensant ») et qui, *indissociablement,* dirige ce devenir vers son accomplissement (c'est son aspect « actif »).

Or, les sophistes et les rhéteurs négligent la nomothétique ainsi conçue, eux qui proposent aux législateurs des collections de lois consensuelles (celles « dont on se loue ailleurs », écrit Isocrate dans l'*Antidosis*), comme autant de « recueils d'ordonnances » proposés aux médecins ; eux donc, qui placent la rhétorique persuasive au-dessus de la politique agissante[1]. Mais – ce point est capital – les platoniciens la négligent *eux aussi* en considérant le gouvernement des hommes, non comme « une noble tâche, mais <comme> un devoir indispensable »[2], c'est-à-dire comme ce devoir *moral* que le sage s'impose de « descendre à nouveau dans la caverne »[3]. Qu'il s'agisse des sophistes ou des platoniciens, la politique est finalement appréhendée en tant que simple champ d'application de normes techniques ou théorétiques *préalables.* Que l'on cherche à allier l'habileté tactique à l'art rhétorique, pour les premiers, ou l'exigence morale à la sagesse théorique, pour les seconds, la politique demeure un domaine hétéronome. Mais il n'en va absolument pas de même pour Aristote, qui *constitue* le domaine éthico-politique, en tant qu'objet de réflexion philosophique, par la reconnaissance de la valeur intrinsèque de la pensée politique agissant avec discernement. Reconnaître cette valeur, c'est poser que la nomothétique, expression la plus haute de la science politique en action, est un authentique savoir, même si elle régit des réalités qui sont soumises au devenir[4].

1. *Cf. Eth. Nic.* X, 10, 1181 a 12-18 ; b 2-12. Le texte directement visé (et cité aux lignes a 16-17) est Isocrate, *Antidosis,* § 79-83.

2. Platon, *Rép.* VII, 540 b 4-5.

3. *Ibid.*, 539 e 3. Ce devoir moral n'est pas sans danger pour le sage, Platon le rappelle en *Rép.* VII, 516 e-517 a.

4. Pour Aristote, une science de l'étant en devenir est possible (par ex., l'*epistèmè phusikè*, l'*epistèmè politikè*) : elle détermine, selon sa rigueur propre, des modes de

Il y a donc place dans l'aristotélisme pour une connaissance à part entière de nature nomothétique, une connaissance portant sur un universel[1] sans pour autant le séparer du devenir. Ce type d'universalité est celui de la *constance* répérée, au fil des expériences réfléchies, dans les phénomènes. «La vérité pratique» (*hè alètheia praktikè*) discernée par la *phronèsis* n'est précisément pas autre chose que cet universel-là[2], et on conçoit que mettre en œuvre cette vérité spécifique en instituant de bonnes lois, c'est aussi bien entreprendre d'éduquer les âmes des citoyens en les habituant à suivre avec constance des règles d'action communes. Il s'ensuit que le point aveugle du socratisme et du platonisme est de n'avoir pas vu que *l'epimeleia tès psukhès* n'est pas, dans le domaine des «choses humaines», l'affaire du savoir *philosophique*[3]: rendre les citoyens meilleurs, prendre soin de leur âme par l'action politique, ne ressortit pas de la compétence d'un philosophe moraliste, celui-ci fût-il Socrate, le politicien ironique du *Gorgias*[4], mais c'est l'affaire propre de la prudence législatrice.

Compte tenu de ce qui vient d'être rappelé, à la fin de l'*Éthique* la situation est celle-ci:

D'un côté, le savoir philosophique ne peut pas prétendre édicter les normes de la *praxis* bien conduite, ni dans le domaine éthique, ni dans

constance au sein du mouvement (le *hôs epi to polu*, l'*hexis*, le *nomos*); *cf.* P. Rodrigo, *Aristote, l'eidétique et la phénoménologie*, Grenoble, Millon, 1995, p. 27-33.

1. «Nous l'avons dit, c'est l'universel qui est l'objet de la science», rappelle *Eth. Nic.* X, 10, 1180 b 23-24.

2. Cf. *Eth. Nic.* VI, 2, 1139 a 26-36 et b 12-13. G.E.M. Anscombe a excellemment montré (dans son étude intitulée «Thought and action in Aristotle. What is "practical truth"?», dans *New Essays on Plato and Aristotle* (R. Bambrough ed.), London-Henley, Routledge and Kegan, 1965, p. 143-158): 1) que la «vérité pratique» n'est pas vérité propositionnelle mais «*vérité de l'action*» (p. 157), et 2) que l'*alètheia praktikè* demande nécessairement la constance de l'*èthos*, du comportement (*cf.* p. 146-148, 156-158).

3. La formule *ta anthrôpeia* peut, selon toute vraisemblance, être attribuée à Socrate lui-même (*cf.* Xénophon, *Mém.* I, 1, 11; Platon, *Apol.* 27 b 3-4). Il ne fait guère de doute que, pour Socrate, s'occuper vraiment des «choses humaines», c'était engager chacun à «prendre soin de son âme» par la philosophie (*cf.* Platon, *Apol.* 22 e-23 b; 29 d-e). La référence insistante, en *Eth. Nic.* X, 10, à une *epimeleia* de nature intrinsèquement *politique* (1180 a 1, a 25, a 29, a 34, b 12, b 23, b 28) doit donc être entendue dans sa dimension critique à l'égard du socratisme et du platonisme. Du même coup, la région des «choses humaines» reçoit un nouveau statut philosophique: Aristote *construit* l'objet *ta anthrôpeia* en lui conférant sa consistance ontologique propre.

4. Cf. *Gorg.* 521 d.

celui qui est placé sous la juridiction de la prudence politique. C'est pourquoi tout discours sur l'*aristè politeia* prise *in abstracto*, pour utile qu'il puisse être du point de vue de la théorie, restera privé d'efficacité pratique directe (telle est, en substance, la réserve fondamentale d'Aristote envers le platonisme politique).

D'un autre côté, les gouvernants, ou du moins ceux qu'Aristote peut voir à l'œuvre à son époque, sont dans l'incapacité de généraliser suffisamment leurs compétences pour pouvoir en dégager la logique et la transmettre à d'autres [1].

Dans ces conditions, que peut le philosophe? Il peut et il doit faire précisément ce qu'annonce la fin de l'*Éthique*: réfléchir, avec ses auditeurs, *peri tès nomothesias (...) kai holôs dè peri politeias*, réfléchir « sur la nomothétique (...) et certes aussi, en général, sur la constitution ». Il y a bien évidemment un enjeu considérable dans l'interprétation de cette phrase, dont nous avons déjà eu l'occasion de dire qu'elle ne constitue pas l'esquisse d'un plan ou d'un programme pour la *Politique*. Pour la comprendre il faut garder présent à l'esprit ce qu'Aristote a écrit au sujet de ceux qui ont réfléchi *peri tès nomothesias*: rien de consistant n'en est advenu. En revanche, comme Aristote le sait fort bien, on a beaucoup écrit avant lui *peri politeias*, soit pour analyser les maux dont souffrent les constitutions existantes, soit pour valoriser les qualités de l'une ou l'autre de ces constitutions, soit enfin pour imaginer une *politeia aristè*. Un passage de la *Politique* permet d'ailleurs de mieux préciser la position du Stagirite relativement à ses devanciers en matière d'analyses *peri politeias*:

> La plupart de ceux qui se sont exprimés sur la constitution, même s'ils en traitent bien par ailleurs, passent à côté de ce qui est utile. Car il faut non seulement s'occuper de la constitution excellente [*sc.* absolument excellente, idéale], mais aussi de celle qui est possible, et de même de celle qui est le plus facilement et le plus communément accessible pour toutes les cités [*sc.* la forme d'excellence souhaitable sous telles conditions données, et celle qui convient bien à la plupart des cités] [2].

1. Cf. *Eth. Nic.* X, 10, 1181 a 1 *sq.*

2. *Pol.* IV, 1, 1288 b 35-39; voir aussi, dans le même sens, II, 1, 1260 b 27-37. Pour notre interprétation de la pluralité des formes d'excellence constitutionnelle, *cf.* P. Rodrigo, *op. cit.*, p. 103-121.

Il est donc clair qu'Aristote entend faire œuvre « utile » en analysant *à son tour* les constitutions sous l'angle de leur excellence, ou plutôt sous les différents angles des formes d'excellence, c'est-à-dire des formes de convenance atteignables selon les situations (ce qui n'est ni une position idéaliste ni une position empiriste). Relativement aux *politeiai*, il entend par conséquent faire mieux que ses prédécesseurs sur un terrain déjà exploré, mais, relativement à la *nomothesia*, il prétend à la nouveauté la plus totale. C'est la raison pour laquelle nous avons traduit les particules *kai dè* par « et certes aussi »[1]. En effet, ce n'est pas une conséquence qui est ici indiquée (on traduirait alors par « donc »), ni un développement sur un plan équivalent à ce qui précède (on traduirait par « et » ou par « aussi »), mais c'est la *différence* entre deux plans bien distincts. Aristote évoque en premier lieu le plan de la nouveauté : « Nos devanciers ayant laissé inexploré ce qui touche à la nomothétique, nous ferons sans doute bien d'examiner nous-mêmes cette question »; puis il ajoute, afin de donner par différenciation plus de poids à cette nouveauté, ce qu'assurément ses auditeurs avertis *attendaient* : « et certes aussi, en général, celle de la constitution. »

Nous pouvons à présent synthétiser notre interprétation de son intention d'ensemble. Mener une réflexion *peri tès nomothesias*, chose, rappelons-le, absolument nouvelle selon notre auteur, c'est analyser théoriquement la logique de la pensée agissante des législateurs afin de remonter aux *causes* de leurs réussites ou de leurs échecs. Pour ce faire, on examinera, d'une part les indications explicites que des législateurs ou des théoriciens ont pu donner au sujet des divers actes législatifs, et d'autre part les diverses constitutions rassemblées par le Lycée :

> Ainsi donc, en premier lieu, si quelque proposition partielle intéressante a été formulée par nos devanciers, nous nous efforcerons de la recueillir ; ensuite, à la lumière des constitutions que nous avons rassemblées, nous tâcherons d'étudier les éléments de nature à sauver ou à ruiner les cités et aussi chaque espèce de constitution, et <d'étudier> quelles causes font que certaines cités sont bien gouvernées et d'autres tout le contraire[2].

Ce passage représente une réelle *étiologie* de l'action nomothétique en tant que déploiement d'une logique de pensée. Les deux tâches

1. Plutôt que par « et » (Tricot), « et donc » (Gauthier-Jolif), « ainsi que » (Defradas), ou encore « et donc aussi » (Bodéüs).

2. *Eth. Nic.* X, 10, 1181 b 15-20.

annoncées visent à une analyse de la logique causale de ce qui a été dit *ou* fait; peu importe, de ce point de vue, qu'il s'agisse d'une nomothétie idéale théorique (par exemple, celle de Platon ou celle d'Hippodamos de Milet) ou d'une nomothétie concrète (celle de Lycurgue)[1]. Peu importe également qu'on analyse des opinions ou des faits car les premières et les seconds, considérés en tant que *manifestations de sens,* représentent, comme Owen l'a bien montré, les « phénomènes » qu'Aristote considère[2]. Cette étiologie vise à former le jugement des gouvernants en les exerçant à découvrir la logique interne des institutions pensées par des législateurs *et* par des théoriciens; c'est, si l'on veut, une histoire raisonnée des institutions politiques telles qu'elles ont été conçues *et* pratiquées. Le but d'un semblable enseignement n'est donc ni archiviste ni tactique : ceux qui entreprennent ces études ne se livreront pas à une compilation de ce qui a été fait ou écrit, ni non plus à un choix de recettes de gouvernement réputées efficaces; ils apprendront au contraire à raisonner sur les « choses humaines » en critiquant les raisons avancées par d'autres et en le faisant au vu des relations logiques que le raisonnement peut déceler dans la succession des arguments ou dans celle des faits. Voilà pour ce qui touche à la nomothétique.

Par ailleurs, à ce versant inédit de l'apprentissage du métier de gouvernant par l'examen critique des « phénomènes », Aristote ajoute le versant plus classique attendu par son auditoire : questionner *holôs peri tès politeias* :

> Après avoir étudié ces différents points, nous serons sans doute mieux à même de voir, et la nature de la constitution excellente (*politeia aristè*), et comment chaque <constitution> doit s'organiser, et de quelles lois et coutumes chacune doit faire usage[3].

On voit qu'Aristote met ici l'accent sur le caractère *dérivé* de l'étude de l'excellence constitutionnelle vis-à-vis de l'étude de la nomothétique (*cf.* « Après avoir étudié ces différents points... »). En effet, si cette étude

1. Comme on peut s'en assurer en *Pol.* II, où Aristote analyse aussi bien les causes de la « ruine » de la cité de la *République*, que celles des imperfections dont souffrent les constitutions de Sparte ou de Crète.

2. Pour ce sens aristotélicien de « phénomènes », *cf.* G.E.L. Owen, « *Tithenai ta phainomena* », dans *Aristote et les problèmes de méthode,* Louvain-la-Neuve, Éditions de l'Institut Supérieur de Philosophie, 1961, p. 83-103.

3. *Eth. Nic.* X, 10, 1181 b 20-22.

de l'excellence constitutionnelle veut avoir quelque chance d'être réellement « utile » aux gouvernants, elle doit envisager l'excellence *sous ses formes plurielles* de convenance à telle ou telle cité dans telle ou telle situation historique. Ce n'est donc qu'*après* avoir analysé les causes de la conservation et de la ruine des législations que les auditeurs d'Aristote seront à même d'admettre que l'excellence est un *pollakhôs legomenon*, c'est-à-dire qu'est « excellent » en politique ce qui convient *au mieux* à une situation déterminée. C'est *après* avoir étudié, dans ses réussites et ses échecs, la logique de l'action nomothétique, qu'ils seront en mesure de comprendre que la « constitution excellente » n'est pas *exclusivement* celle qu'élabore un esprit détaché des contingences historiques (qui recherche le meilleur dans l'absolu), mais qu'excellente est *aussi* une constitution qui convient au mieux aux possibilités d'une cité donnée, et qu'excellente est *encore*, selon une modalité de l'excellence plus exigeante que la précédente, une constitution « parfaitement conforme à nos vœux si rien d'extérieur ne s'y oppose » [1]. En ce sens, il est juste d'écrire, malgré l'apparent paradoxe du propos, que

> Le véritable partisan de la « constitution idéale », c'est Aristote bien plus que Platon : ce dernier cantonne ses ambitions à un cas limite unique, alors qu'Aristote se propose, avec une audace qui est généralement passée inaperçue, de réaliser *partout* cette constitution la meilleure [2].

Tel est finalement le projet d'éducation proposé aux gouvernants : apprendre à analyser la logique de la pensée nomothétique, réévaluer ensuite la notion d'excellence en politique, apprendre enfin à la mettre judicieusement en œuvre, à bien légiférer et à conduire ainsi des citoyens vers ce qui est, pour eux, le meilleur possible. Dans la mesure où les bonnes lois, en introduisant de la constance temporelle dans les comportements des citoyens, ont une valeur éducative et créent des habitudes d'action, ce projet aristotélicien peut être dit intrinsèquement

1. *Pol.* IV, 1, 1288 b 23-24. On le voit, l'excellence se décline selon les situations (*cf.* P. Pellegrin, « La *Politique* d'Aristote : unité et fractures. Éloge de la lecture sommaire », dans *Aristote politique. Études sur la* Politique *d'Aristote*, P. Aubenque (éd.), Paris, P.U.F., 1993, p. 3-34, principalement p. 8-16) ; d'où le reproche d'inutilité adressé par Aristote à ceux qui ont écrit sur *l'aristè politeia* considérée uniquement *haplôs*.

2. P. Pellegrin, art. cit., p. 17 (dans cette citation, il faut évidemment comprendre « partout » au sens distributif de « à chaque fois »).

éthico-politique *sans que* ni l'éthique ni la politique n'occupe en droit, dans le champ des « choses humaines », une position « architectonique ».

III. QUESTION DE MÉTHODE : DES PRINCIPES

L'*Éthique à Nicomaque,* non seulement se clôt par des considérations touchant à la politique, mais aussi s'ouvre par de telles considérations, puisqu'en effet, c'est au chapitre I, 1 qu'on lit, comme nous l'avons dit, que le savoir politique est « architectonique ». Or c'est justement cela que nous désirons éclaircir ; revenons donc au début de l'ouvrage.

On soutient communément qu'Aristote *lui-même* y professe la thèse de l'architectonie politique. Il est vrai qu'après avoir souligné la multiplicité des fins visées par nos actes, le Stagirite rappelle la nécessité logique d'une fin meilleure que toutes les autres afin d'éviter l'infinité et, partant, l'inanité des désirs. Évoquant alors le savoir « suprême et au plus haut point architectonique » qui règle la visée du meilleur des biens, il écrit : *toiautè <epistèmè> d' hè politikè phainetai*[1]. Néanmoins, la logique argumentative du chapitre plaide pour une compréhension fort différente de celle qui est courante. Pour l'établir, il faut d'abord montrer que la première phrase du traité (1094 a 1-3) ne pose en aucune façon un principe *a priori* de l'éthique aristotélicienne (un principe dont la thèse de l'architectonie politique serait la conséquence logique), mais qu'elle amorce une discussion dialectique critique permettant à Aristote de se mettre *épagogiquement* « en marche » vers les principes de l'action.

David Ross écrivait en 1923 que « le ton général de l'*Éthique* est donné dans la première phrase »[2], et qu'il fallait y entendre l'énoncé du principe d'une éthique « nettement téléologique » visant à « nous rap-

1. Cf. *Eth. Nic.* I, 1, 1094 a 26-28.

2. W. D. Ross, *Aristotle,* London, Methuen, 1923 (tr. fr. J. Samuel, *Aristote,* Paris-Londres-New York, Gordon and Breach, 1971), p. 187 (tr. fr. p. 264). Ross traduit ainsi le début de l'*Éthique* : *Every art and every enquiry, and similarly every action and pursuit, is thought to aim at some good; and for this reason the good has rightly been declared to be that at which all things aim.* La traduction française de J. Tricot est, presque mot à mot, identique : « Tout art et toute investigation, et pareillement toute action et tout choix tendent vers quelque bien, à ce qu'il semble. Aussi a-t-on déclaré avec raison que le Bien est ce à quoi toutes choses tendent. » Nous proposerons au § IV notre propre traduction.

procher de ce qui est “bien pour l’homme” »[1]. Ce type d’interprétation est très classique, mais il relève pourtant d’une méprise. En effet, lire cette phrase comme l’énoncé d’un principe doctrinal de la philosophie pratique d’Aristote, c’est ne pas tenir compte de ce que le Philosophe lui-même nomme « la différence entre les raisonnements qui partent des principes et ceux qui y remontent (*hoi apo tôn arkhôn logoi kai hoi epi tas arkhas*) »[2]. Pour le dire autrement, c’est confondre la méthode apriorique, qui est celle des modalités du savoir s’appliquant aux réalités immuables (les êtres divins, les êtres mathématiques, l’essence de toute chose), et la méthode adaptée aux réalités non immuables (les êtres en mouvement *considérés sous l’angle du mouvement,* les *kinèta comme tels*), laquelle relève de la marche inductive aux principes à partir de certaines régularités d’expérience dégagées par l’examen critique des faits et des opinions relatives aux faits. Or, dans la langue d’Aristote, une telle confusion méthodologique mérite le nom d’*apaideusia*, « inculture », et on sait avec quelle fréquence l’auditeur des leçons éthiques et politiques est mis en garde contre ce défaut...

Il est donc essentiel de ne pas se tromper de tonalité : les premiers mots de l’*Éthique* énoncent simplement un principe ayant une valeur *endoxale* ; cette phrase représente le moment initial d’une argumentation dialectique prenant pour point de départ, comme tout raisonnement de ce genre, une généralité admise afin de la soumettre à discussion. En l’occurrence, Aristote évoque une thèse généralement admise au sein de l’Académie, qui concerne le principe qu’*on dit,* dans les milieux influencés par la pensée de Platon, être celui de l’action pratique *dans son ensemble,* compte non tenu des différences entre l’action productive et l’agir au sens strict – puisqu’en effet, comme nous aurons tout à l’heure à y insister, Platon ne jugeait aucunement nécessaire d’opérer dans cet ensemble des différences significatives eu égard au principe essentiellement *théorétique* de toute pratique. De même donc que la *Politique* d’Aristote commence, comme on n’a pas manqué de le souligner, « par une référence au *Politique* de Platon et à la thèse, qui y est soutenue, que l’autorité du maître de maison sur sa maisonnée est semblable à celle

1. *Ibid.*
2. *Eth. Nic.* I, 2, 1095 a 31-32.

exercée par le gouvernant sur sa cité »[1], c'est-à-dire de même que la *Politique* conteste d'emblée l'identification platonicienne des formes de commandement dans la famille et dans la société politique, de même l'*Éthique à Nicomaque* débute par une réfutation dialectique des thèses de Platon concernant le rapport architectonique du savoir théorétique à la *poièsis* et, indifféremment, à la *praxis*.

Entrons maintenant dans le détail de l'argumentation déployée dans cette critique de la conception platonicienne de l'action bien conduite. Pour cela, si l'on nous permet de reprendre à notre compte une formule dont la récurrence est frappante dans les premiers chapitres de l'*Éthique*, « revenons encore une fois sur l'objet de notre recherche »[2] et demandons-nous à nouveau quelle est l'intention du Philosophe au livre I. S'adressant à des auditeurs avertis qu'il suppose capables de l'entendre, c'est-à-dire capables de juger de la valeur de son discours et de le critiquer, Aristote explique :

> Il faut partir des choses connues, et une chose est dite connue en deux sens, soit pour nous, soit d'une manière absolue. Nous devons sans doute partir <ici> des choses qui sont connues pour nous. C'est pourquoi il faut avoir été bien guidé par les habitudes prises pour écouter comme il convient <un enseignement portant> sur les <actions> belles et justes, et d'une façon générale sur tout ce qui a trait à la politique. Le point de départ, en effet, est le fait (*arkhè gar to hoti*), et si le fait était suffisamment clair, nous n'aurions nul besoin supplémentaire du pourquoi (*tou dioti*)[3].

1. E. Barker, *The Political Thought of Plato and Aristotle* (London, 1902), New York, Dover, 1959[2], p. 264.

2. *Eth. Nic.* I, 5, 1097 a 15. De même en I, 3, 1095 b 14 : « Nous revenons au point d'où nous nous sommes écartés », et en I, 2, 1095 a 14 : « Revenons maintenant en arrière. » Ce type de formule n'apparaît plus après le chap. I, 5, ce qui laisse augurer que l'argumentation dialectique critique trouve dans ce chapitre un point d'ancrage solide. Il aura fallu à Aristote *plusieurs retours critiques* en direction du platonisme pour dégager dialectiquement un principe.

3. *Eth. Nic.* I, 2, 1095 b 2-7; le texte est difficile, les manuscrits diffèrent et les traductions le font encore davantage. À la ligne b 4, nous lisons *ethesin* (man. K^b et O^b) plutôt que *èthesin* (L^b et M^b), car Aristote reprend ici un *endoxon* de l'Académie (cf. *Lois* II, 653 a-c et *Eth. Nic.* II, 2, 1104 b 11-12). Il ne s'agit donc pas, comme le pense J. Tricot, d'auditeurs « élevés dans des mœurs honnêtes », mais de cette première sorte de *constance réglée* que sont les bonnes habitudes prises : ce n'est pas la moralité, l'*èthos*, qui rend apte à apprendre dans le domaine éthico-politique, c'est *l'ethos*, la constance acquise dans certains choix généraux (décisions du jugement *et* pratiques effectives) – étant entendu que

Nous tenons là une indication de méthode : il faut, écrit Aristote, partir de *to hoti*; il faut partir « des faits », traduit-on habituellement. Mais, que veut dire exactement *to hoti* dans la région des « choses humaines »; s'agit-il, de quelque donnée brute de l'expérience ? Si l'on devait répondre par l'affirmative, autrement dit, si Aristote recommandait à ses auditeurs de partir des données factuelles, ce texte n'aurait rien à nous apprendre quant à la critique aristotélicienne de Platon – rien, sinon, conformément à une certaine vulgate, qu'Aristote est décidément un penseur empiriste occupé, en toute chose, à renverser « l'idéalisme » platonicien. Mais il n'en est rien. *To hoti* ne désigne pas, dans la région des « choses humaines » du moins, des observations purement factuelles. Si tel est le cas, c'est parce que cette région est, comme on l'a souligné, le lieu d'une « réalisation », au sens d'un « *rendre réel* de telle façon que par là on *se réalise* en atteignant la plus haute expression de soi » [1]. Or, lorsque des hommes tendent dans leur pratique vers l'exigence du meilleur d'eux-mêmes, et même d'ailleurs lorsqu'ils tendent vers des buts moins élevés, ce ne sont pas des faits bruts qu'ils rencontrent, ce sont des *situations* factuelles *et* humaines, ce sont des occasions qu'ils ont aussi bien saisies au vol (ou perdues) que *produites* (ou gâchées) [2]. Dans ces conditions factuelles *et* humaines, qui constituent le site propre de nos actions, l'*intelligence de la situation* joue incontestablement son rôle : soit sur le mode mineur de l'adhésion à la *doxa*, qui est le degré le plus bas de la compréhension de la situation vécue, soit sur le mode médian du discernement partiel de ce qui est reconnu par le sujet agissant comme globalement beau et juste, soit enfin sur le mode majeur du dévoilement phronétique de la « règle droite » normant ici et maintenant la belle action [3]. En un mot, il n'y a jamais de « choses humaines » sans opinion (plus ou moins conformiste) ou sans jugement critique (plus ou moins

ces choix sont « clairs pour nous », c'est-à-dire qu'ils ne sont pas absolument faits *en connaissance de cause*. Reste le problème crucial posé par le sens de *to hoti* : pour l'instant, nous avons repris la traduction habituelle par « le fait ».

1. G. Romeyer Dherbey, *Les Choses mêmes. La pensée du réel chez Aristote*, Lausanne, L'Âge d'Homme, 1983, p. 233.

2. Il est à noter que cette conception du *kairos* suppose une compréhension phénoménologique du temps de la *praxis*.

3. Rappelons que la prudence est « dévoilante », au sens de *l'alètheia praktikè* de *Eth. Nic.* VI, 2, 1139 a 26-27. Son « œuvre est la vérité » (*alètheia to ergon*), dit encore la ligne 1139 b 12.

aiguisé). Ceci implique qu'en ce domaine, *to hoti* équivaut à *to phainomenon*, en prenant ce dernier terme au sens, reconnu par Gwil Owen, de *to endoxon*[1]. *To hoti*, c'est, si l'on peut le dire ainsi, le *fait d'expérience réfléchi*, et non le fait empirique purement objectif : un « fait d'expérience » est intimement teinté du *sens* qu'une certaine habitude de fréquentation réfléchie des situations vécues a déposé en lui (et aussi bien en nous). Fait *et* sens, le « fait d'expérience » est un *phainomenon*, et on peut aller jusqu'à dire qu'en toute rigueur nous n'avons jamais d'expérience *que* de tels « phénomènes », parce que c'est toujours à même le fait éprouvé que naît le sens, dans la richesse du jugement critique ou dans la pauvreté du jugement doxique.

Ainsi, dans le domaine éthico-politique, les faits sont, toujours et de prime abord, des « faits d'expérience » porteurs d'un sens habituel, et c'est d'eux qu'il convient de partir dans une recherche portant sur les « choses humaines ». *Arkhè to hoti* signifie donc que « le point de départ est le fait d'expérience réfléchi ». En conséquence, l'intention d'Aristote n'est nullement d'énoncer abstraitement le principe de son éthique, mais de prendre pour point de départ, pour *arkhè* de ses réflexions éthico-politiques, les opinions communes, les *endoxa* qui constituent *pour les platoniciens qui l'écoutent* le dépôt de l'expérience. C'est pourquoi les deux premières lignes de l'*Éthique à Nicomaque* reprennent une position courante du platonisme, pour la soumettre à l'examen critique, ce qui, comme on va le voir, conduit à une réévaluation de la thèse *platonicienne* de « l'architectonie ».

IV. De l'architectonie à l'éducation politique

Lorsqu'on lit dans l'*Éthique* que « la science suprême et au plus haut point architectonique [...] est manifestement la politique (*hè politikè phainetai*) », on peut raisonnablement penser, sur la base de ce qui vient d'être dit de la méthodologie aristotélicienne dans le domaine des « choses humaines », que cette thèse de l'architectonie politique n'est pas

1. *Cf.* G. E. L. Owen, art. cit., spécialement p. 85-92 ; J. Barnes, « Aristotle and the methods of Ethics », *Revue Internationale de Philosophie*, 133-134, 1980, 490-511, en particulier p. 498-502 pour l'étude de *ta endoxa* (et de l'adjectif *endoxos* : « ce qui est renommé, ce qui est *réputé* tel ou tel ») ; et *Top.* I, 1, 100 b 21-23.

celle du Philosophe lui-même, ou du moins, à supposer qu'Aristote la reprenne d'une façon ou d'une autre, on peut penser qu'il ne le fait pas sans en modifier considérablement le sens. L'ensemble des lignes 1094 a 1-b 11 (qui forme un tout bien structuré dans son argumentation) devra alors être compris comme l'amorce d'une recherche épagogique des principes des « choses » en question. Nous savons maintenant qu'une telle recherche implique d'abord l'examen critique de faits d'expérience, certes réfléchis, mais insuffisamment réfléchis. C'est qu'en effet Aristote n'est pas seulement, comme la doxographie le rapporte en attribuant l'épithète (flatteuse ou teintée d'un certain mépris ?) à Platon, « le liseur », il est par excellence *le penseur*. Or, lire *et* penser, c'est interpréter dialectiquement. Il faut donc se poser la question de savoir quel(s) ouvrage(s) Aristote interprète au début de l'*Éthique*.

John Burnet a eu le mérite de poser cette question et d'y répondre avec perspicacité : Aristote interprète principalement le *Politique* de Platon, car c'est dans ce dialogue que l'*epistèmè politikè*, comprise comme un *savoir de type théorétique* et non de type pratique, est pensée par analogie avec le savoir de l'architecte dirigeant le travail manuel de ses ouvriers [1]. L'exégète anglais a cependant eu le tort de croire que la discussion critique avec Platon dans l'*Éthique* est en quelque sorte infinie, c'est-à-dire que l'ouvrage est en son entier dialectique. A l'inverse, René-Antoine Gauthier a considérablement atténué le problème en considérant qu'Aristote « ne fait que prendre acte d'une doctrine déjà élaborée par Platon et bien connue de ses auditeurs », qu'il « glose » les textes de son maître et que, finalement, « toute cette doctrine est platonicienne » [2].

1. *Cf.* J. Burnet, *The Ethics of Aristotle,* London, Methuen, 1900; Platon, *Pol.* 259 e-260 a. On doit, à vrai dire, prendre en considération tout le début du dialogue (257 a-260 a). Socrate remet d'emblée le savoir mathématique *à sa place*, en critiquant le mathématicien Théodore : il ne faut pas considérer que le sophiste, le philosophe et l'homme politique ont même valeur humaine, « leur différence de valeur dépasse toute proportion exprimable par votre art » (257 b). Puis l'Étranger classe l'homme politique « parmi les gens qui savent (*tôn epistèmonôn*) » (258b) et divise les sciences en « pratiques » et « purement théoriques » (258 e). Enfin, et c'est le passage essentiel, il remarque que l'exercice effectif du pouvoir n'a aucun rapport essentiel avec la possession du savoir politique : celui qui a ce savoir, « qu'il soit au pouvoir ou dans le privé » (*ante arkhôn ante idiôtès*, 259 b) est *de droit* l'homme royal. L'Étranger peut alors recourir à l'analogie avec l'*arkhitektôn* dont le savoir *théorique* supervise la simple pratique (au sens de la *kheirourgia*) de ses manœuvres (259 e-260 a).

2. R.-A. Gauthier, *op. cit.*, II-1, p. 7, 3 et 6 respectivement.

Pour éviter ces deux défauts de l'interprétation, l'un par excès, l'autre par défaut, on devra trouver la voie médiane. Cette voie nous semble être celle-ci : à la conception « théorétique » platonicienne de l'architectonie politique, soumise à critique au chapitre I, 1, Aristote oppose une conception « pratique » de l'*epistèmè politikè*. Dans cette conception, c'est l'homme politique avisé, et non le philosophe ou le théoricien « privé », qui possède la science politique, c'est lui qui agit en connaissance *pratique* de cause. L'essentiel dès lors n'est plus, comme chez Platon, que cet homme exerce, par l'institution des lois et par leur application, une fonction « architectonique » rectrice vis-à-vis de la cité. Même si incontestablement la loi est une forme de contrainte [1], l'essentiel est que l'homme politique avisé exerce par le biais des lois une fonction *d'éducation des habitudes* des citoyens. L'homme politique prudent agit au mieux, en telle ou telle situation, en vue de *l'eu zèn dans* sa cité, c'est-à-dire, comme Aristote l'établit enfin au terme de l'*epagôgè*, en vue de la fin « parfaite » (*to teleion*) [2]. *Telle politique parfait tels citoyens*, voilà l'essentiel; elle les conduit vers leur « finition » (*telos*) dans l'humaine mesure du « juste milieu, [du] possible et [du] convenable » [3]. Toute éducation, bien entendu, requiert une forme d'architectonie et de contrainte, mais *l'essence* de l'éducation, donc celle de la politique en tant qu'éducation des citoyens, n'est pas le dirigisme. Ainsi que Kant l'a bien compris, l'essence paradoxale de l'éducation est d'enseigner de manière hétéronome l'autonomie de la volonté et de l'agir. De même, l'action politique doit contribuer, au moyen de la loi en particulier, à la perfection en chaque citoyen du « bien-œuvrer en vue de ce qui convient au tout (*eu*

1. Sur la nécessité de la contrainte, *cf.* P. Aubenque, « Théorie et pratique politiques chez Aristote », dans *La « Politique » d'Aristote,* Fondation Hardt, Entretiens sur l'Antiquité classique, t. XI, Vandœuvres-Genève, 1965, p. 97-123, en particulier p. 104-105; « Politique et éthique chez Aristote », art. cit., p. 216-217 (p. 217 : « c'est seulement dans la mesure où l'*habitus* est défaillant ou même absent que la loi peut y suppléer grâce à sa puissance coercitive »).

2. *Eth. Nic.* I, 5, 1097 a 28. *Cf.* Platon, *Philèbe*, 55 d-57 b où l'on notera que la recherche de la perfection devient une recherche des sciences et des plaisirs « les plus purs » (*katharôtaton*, 55 d). De là l'enquête sur les « arts directeurs » (*hègemonika*), au premier rang desquels apparaîtra l'arithmétique abstraite. La perfection sera finalement comprise comme « mesure et proportion » (64 d), selon le modèle des mathématiques.

3. *To te meson kai to dunaton kai to prepon* : tels sont les derniers mots de la *Politique* (VIII, 7, 1342 b 34). *Dans cette mesure*, la politique peut être dite *timiôtera* (*Eth. Nic.* I, 13, 1102 a 20), ce qui n'est pas synonyme « d'architectonique ».

poiein pros to koinon sumpheron)[1]. L'articulation de la politique et de l'éthique aristotéliciennes n'est, par conséquent, pas *fondamentalement* à interpréter en termes d'architectonie, mais bien plutôt d'éducation et, de plus, l'éducation en question n'est pas morale mais politique.

Il est vrai qu'Aristote considère que la prudence nomothétique est « architectonique » eu égard à la prudence mise en œuvre dans la simple application des lois existantes ou dans la promulgation des décrets particuliers[2]. « Faire » de la politique au cas par cas, gérer les affaires de la cité, c'est se conduire « comme le font les manouvriers » (*hôsper hoi kheirotekhnai*, b 29). On retrouve donc le langage qui était celui de Platon en *Pol.* 259 e-260 a, mais il est tout à fait remarquable que l'analogie avec le couple maître d'œuvre / manœuvres s'applique maintenant *à l'intérieur* du domaine politique : Aristote veut dire que le plus haut degré d'excellence politique n'est pas dans la gestion manœuvrière des affaires mais dans la nomothétique, qui *apparemment* agit pourtant beaucoup moins. Il explique en effet clairement, s'agissant de ceux qui « font » de la politique manœuvrière, des gestionnaires en quelque sorte, que « d'eux seuls *on dit* qu'ils font de la politique » (*politeuesthai tautous monon* legousin, 1141 b 28) ; il s'agit donc d'une *doxa* commune et en aucun cas d'une thèse que l'auteur reprendrait à son compte pour disqualifier, *comme Platon*, la pratique politique par rapport à une nomothétique *théorique*.

Il nous reste à revenir brièvement sur le début du chapitre I, 1 de l'*Éthique à Nicomaque*, afin de nous assurer de l'enjeu critique de ce texte eu égard au platonisme. La détermination du sens du mot *methodos* jouant un rôle capital dans la compréhension du projet d'Aristote, il importe d'éviter toute espèce de confusion ; c'est pourquoi nous proposons les deux traductions suivantes :

> Tout art (*tekhnè*) et toute règle de l'art (*methodos*), et pareillement aussi toute action (*praxis*) et toute règle d'action (*proairesis*), visent, à ce qu'il semble, quelque bien. (1094 a 1-3)
>
> La procédure réglée (*methodos*) qui vise ces biens étant donc politique, nous aurons satisfait à notre tâche si nous donnons les éclaircissements conformes à la nature du sujet. (1094 b 10-12)

1. Cf. *Pol.* III, 4, 1276 b 38-1277 a 3.
2. Cf. *Eth. Nic.* VI, 8, 1141 b 21-29.

Expliquons-nous. Aristote établit, par la simple construction de la première phrase, un strict parallèle entre, d'une part, la *tekhnè* et sa méthode propre de production et, d'autre part, la *praxis* et sa règle intentionnelle. *Methodos* signifie donc ici « règle de l'art », « procédure réglée » ou « façon de procéder ». Ce sens est d'ailleurs conforme à l'un des usages majeurs du terme depuis Platon[1]. Cela est finalement fort simple, et l'on ne comprendrait guère pourquoi tant de commentateurs ont tenu à donner à *methodos* le sens fort de « science », de « recherche spéculative » ou de « discipline scientifique »[2], si l'on ne remarquait que ce gauchissement du sens permet d'interpréter *d'avance* l'autre occurrence du mot, à la ligne 1094 b 11, et de le faire dans le même sens théorique. Autrement dit, la logique interprétative a, quasi unanimement, été celle-ci : *methodos* désigne, en 1094 a 1, la recherche théorique ou la méthode de cette recherche, et ce terme a *encore* le même sens en 1094 b 10-11. Cette dernière ligne sera alors traduite en des termes propres à cautionner la thèse « architectonique » :

> – Voilà donc les buts de notre enquête [= *methodos* !], qui constitue une forme de politique (Tricot).
> – C'est donc à cela que tendent nos recherches [!] qui constituent une science politique (Souilhé).
> – Puisque telle est la fin à laquelle tend la présente discipline [!], elle est donc bien, en un sens, la politique (Gauthier-Jolif).

Nous ne contestons assurément pas qu'Aristote veuille, en règle générale, relier son *Éthique* à sa *Politique* (ceci est clair au chapitre X, 10

1. *Cf.* L. Méridier, « Le mot *Methodos* chez Platon », *R. E. G.*, XXII, 1909, 234-240. Platon semble être à l'origine de l'emploi philosophique (et métaphorique) du mot. Le sens de « procédure » ou « ensemble des règles qui constituent un art », est attesté en *Phèdre*, 269 d, 270 d. Il doit être distingué, précise L. Méridier, des autres sens tels que « méthode de recherche », « recherche méthodique » et enfin « science » (*cf.*, p. 235 pour les occurrences chez Platon).

2. Traductions respectives de *methodos* (en 1094 a 1) par A. Grant, J. Tricot (qui traduit, dans le texte par « investigation », mais ajoute en note que : « Aristote oppose ici à la *tekhnè*, à la *science pratique*, la *methodos*, la *recherche spéculative* »), et R.-A. Gauthier. J. Souilhé, lui, traduit par « recherche rationnelle », et commente : « la recherche rationnelle, la recherche spéculative, opposée à la *tekhnè* » (*op.cit.*, p. 43, n. 6). W. D. Ross traduit par *inquiry*; H. H. Joachim par *investigation*, son commentaire montre qu'une fois encore il faut comprendre « recherche théorique » (*cf.* H. H. Joachim, *Aristotle. The Nicomachean Ethics.* A Commentary by the late H. H. Joachim, ed. by D. A. Rees, Oxford, Clarendon Press, 1951, p. 19-21).

du premier ouvrage), mais nous doutons fortement qu'il le fasse ici, au chapitre I, 1. Nous en doutons parce que *méthodologiquement* ce n'est pas le lieu de procéder à ce genre d'analyse, là où il est occupé à examiner critiquement la position platonicienne des questions éthico-politiques. De plus, l'articulation entre l'*Éthique* et la *Politique* qu'on lit traditionnellement en 1094 b 10-11 est de type « architectonique », c'est une conséquence directe des thèses énoncées auparavant; il faudrait donc créditer Aristote d'une conception de la politique qu'on a pu nommer « maximaliste »[1] tant elle est empreinte de platonisme. Au vu de l'insistance du contexte sur « l'architectonie » politique, c'est d'ailleurs la seule interprétation acceptable lorsqu'on pense qu'Aristote parle *en son nom* et en tant que philosophe encore platonicien. Telle est donc finalement la situation herméneutique :

– Ou bien le livre I de l'*Éthique à Nicomaque* est encore platonicien. Son premier chapitre adopte, en ce cas, le point de vue de Platon sur l'architectonie politique. C'est la thèse « maximaliste ».

– Ou bien, comme nous le pensons, Aristote commence son *Éthique* par une discussion critique des thèses du maître de l'Académie. En ce cas *methodos* a, dans l'argument, le simple sens de « procédure réglée » de l'action. Les lignes 1094 b 10-11, interprétées à la lumière de ce contexte argumentatif, signifient alors *seulement* que la visée d'un bien individuel ou collectif est toujours une visée politique (d'où notre traduction). Cette ligne ne concerne pas le rapport de l'*Éthique* d'Aristote à sa *Politique,* lequel sera thématisé ultérieurement, au livre X, en termes d'éducation politique des habitudes et des mœurs des citoyens.

Le choix de la seconde alternative présente deux avantages certains : il est conforme au principe de l'*epagôgè* chez Aristote et il évite le recours aux hypothèses génétiques pour justifier l'hiatus (introduit, il faut bien le reconnaître, par l'interprétation) entre la thèse architectonique attribuée au « jeune Aristote » et celle qui est énoncée à la fin de l'*Éthique.* À vrai dire, rien ne nous oblige à attribuer à Aristote, fût-ce à un « premier Aristote », l'idée d'une architectonie politique de type platonicien, c'est-à-dire d'essence théorétique.

Ainsi, selon Aristote, ni le philosophe ni l'homme politique ne sont les *architectes du devenir.* A l'opposé, Platon, de l'*Euthydème* à la *République* et au *Politique*, paraît bien avoir toujours recherché l'art ou le

1. P. Aubenque, « Politique et éthique chez Aristote », art. cit., p. 216.

savoir souverain « gouvernant tout, ayant pouvoir sur tout, pour que de tout soit fait un bon usage »[1]. Cet art platonicien est explicitement nommé par Socrate, dans l'*Euthydème*, « la cause du bien-agır dans la cité »[2], alors qu'il consiste – ce sera l'aporie sur laquelle le dialogue buttera, mais que le *Politique* dépassera comme on sait – à ne *rien* produire[3]. Être l'architecte du devenir, c'est exactement cela : c'est connaître sur le mode théorétique ce qu'est l'*eupraxia*, ou connaître les *causes de l'être* de l'*eupraxia*, et disposer d'une *methodos* scientifique pour guider, à partir de ce savoir théorique, les visées pratiques humaines. À l'inverse, dans l'aristotélisme, connaître théoriquement les causes *de l'être* n'équivaut pas du tout, nous l'avons vu, à connaître *pratiquement* celles du devenir.

*

Penser les « choses humaines » n'autorise donc aucunement à s'instituer en théoricien « architecte » du devenir. Le domaine éthico-politique ne saurait, en effet, être réduit à un champ d'application de normes théoriques ou techniques préalables. Il doit, au contraire, être reconnu pour ce qu'il est, à savoir pour la région autonome du dévoilement pratique des *pragmata* auxquels ont affaire des hommes vivant au sein d'une communauté de sens. Le concept de « fait d'expérience » (*to hoti*) s'avère dès lors fondamental, car il permet de prendre de biais, donc de déplacer, l'opposition traditionnelle entre la factualité empirique brute (inconnaissable dans sa pure singularité) et l'universalité abstraite du sens. Ni singulier ni universel, le « fait d'expérience » est *partagé* ou pluriel, il est soumis au partage critique du sens advenant dans l'expérience communément vécue *et* communément discutée. Le « fait d'expérience » est la manifestation, toujours critique et contingente, de l'*intelligence pratique de la situation* dont témoigne l'action commune de tels hommes en telle situation.

S'agissant de la méthode d'Aristote, nous avons vu qu'elle prend pour point de départ les modalités de manifestation des phénomènes éthico-politiques (c'est-à-dire celles de l'action *et* de la compréhension, puisque dans la *praxis* ces deux moments vont de concert) pour mettre à

1. Platon, *Euthydème*, 291 d 2-3.

2. *Ibid.*, 291 c 10-d 1.

3. Cf. *ibid.*, 291 e 1 : *ergon ouden*. Le paradigme de l'architecte permettra justement, dans le *Politique*, de revendiquer *positivement* ce « ne rien faire ».

jour les *lignes de constance* de cette pluralité phénoménale. C'est très exactement ce que signifie « connaître » les « choses humaines ».

Quel rôle enfin l'aristotélisme entend-il jouer vis-à-vis des phénomènes éthiques et politiques eux-mêmes, sachant qu'Aristote renonce par principe à ce que Hannah Arendt a pu nommer la « déformation professionnelle » du penseur-théoricien prétendant à l'architectonie ? Ce rôle est celui d'une *contribution à l'éducation du jugement critique des citoyens.* L'excellence politique, en effet, ne s'enseigne pas puisqu'elle n'est ni d'ordre théorétique ni d'ordre technique : elle se *vit.* Mais elle se vit dans une communauté de pensée et de dialogue, dans une communauté où les « choses humaines » adviennent dans et depuis l'horizon d'un *sens* commun. Aiguiser ce sens commun, élément d'apparition des *pragmata* eux-mêmes, telle est la tâche d'une pensée politique qui contribue, à sa juste place (qui n'est pas celle de l'architectonie), à *élargir l'horizon d'apparition* des « choses humaines » et à instaurer, par le biais de l'éducation du jugement critique, ce que nous allons caractériser – dans le chapitre suivant – comme « l'ordre » du bonheur humain.

CHAPITRE II

L'ORDRE DU BONHEUR

LES PARADOXES ARISTOTÉLICIENS SUR LE BONHEUR ET LES VERTUS

Le propos de ce chapitre se laisse deviner dans son titre. Il y sera en effet essentiellement question de deux choses :

– La première, évoquée par son sous-titre, est un constat qu'on ne peut guère éviter, à savoir qu'Aristote nous livre des thèses paradoxales sur le bonheur et les vertus, et cela aussi bien dans la détermination théorique de ce qu'est le bonheur humain et de ce que sont les vertus, que dans l'analyse de leur articulation.

– La seconde, à laquelle renvoie directement son titre, paraîtra peut-être davantage sujette à discussion puisqu'on soutiendra ici que les paradoxes qui viennent d'être évoqués se dissipent lorsque le bonheur est considéré comme un *ordre.* Pour établir ce point il faudra montrer, non seulement que le concept d'ordre peut fournir un éclairage satisfaisant de ces paradoxes, mais encore qu'il est légitimé par l'aristotélisme lui-même (plus précisément par une référence aux catégories logiques).

L'idée directrice des analyses qui vont suivre est donc que la doctrine d'Aristote, prise dans son ensemble en tant que métaphysique, philosophie pratique et logique, constitue une pensée suffisamment cohérente pour résoudre par elle-même les problèmes que soulèvent la détermination du bonheur et des vertus. En suivant cette voie interprétative on évitera tout recours à des considérations de type génétique, c'est-à-dire fondées sur une reconstitution de l'évolution supposée des thèses aristotéliciennes. Cette étude sera aussi l'occasion d'un dialogue critique avec les interprètes qui ont surtout relevé la présence d'apories plus ou moins inextricables, voire d'incohérences dans la doctrine du bonheur présentée dans les *Éthiques*. Ce sera donc l'occasion de faire le bilan des interprétations.

I. BONHEUR HUMAIN ET GENRES DE VIE

Le paradoxe qui apparaît rétrospectivement comme le plus frappant lorsqu'on a parcouru l'ensemble de l'*Éthique à Nicomaque* provient du hiatus entre les thèses sur le bonheur qui sont exposées dans le livre I et celles qui le sont dans le livre X. En effet, au livre I le bonheur paraît être appréhendé du point de vue de l'action humaine ou, comme nous l'avons dit au chapitre précédent, du point de vue de la pratique, alors qu'au livre X c'est finalement l'étude du bonheur lié à la vie théorétique-contemplative qui semble retenir Aristote. Cette différence d'approche s'avère, en outre, être d'autant plus problématique que, bien qu'elle soit apparemment massive, ses bords ne sont pas franchement dessinés[1]. Il s'ensuit une série de problèmes fort difficiles à résoudre, voire même à poser correctement[2]. On peut en retenir trois.

1. *Cf.* G. Rodier, *Aristote. Éthique à Nicomaque. Livre X, accompagné d'éclaircissements,* Paris, Delagrave, 1897. Rodier note au § 7 de ce texte d'Introduction à sa traduction de *Eth. Nic.* X, que le premier livre parle de « la morale *humaine* » alors que le dernier évoque « la vertu surhumaine » contemplative; cependant, ajoute-t-il, « les deux courants s'y croisent et s'y confondent, et il n'est pas toujours aisé de démêler ce qui appartient à l'un, de ce qu'il faut rattacher à l'autre » (p. 213). Il conclura (p. 215-217) qu'entre utilitarisme pur et intellectualisme pur Aristote opte pour une « morale du juste milieu » qui représente, pour reprendre une formule d'É. Boutroux, « la morale hellénique sous sa forme la plus pure et la plus parfaite » (p. 217). On ne peut toutefois s'empêcher de penser que cette solution élégante masque davantage de problèmes exégétiques qu'elle n'en résout... Pour une analyse nettement plus aporétique on se reportera à J. M. Cooper, « Contemplation and Happiness: a Reconsideration » (1987), repris dans *Reason and Emotion. Essays on ancient moral Psychology and ethical Theory,* Princeton University Press, 1999, chap. 9, p. 212-236.

2. Dans l'Introduction à la seconde édition de Gauthier-Jolif, *Aristote. L'Éthique à Nicomaque.* Introduction, traduction et commentaire, 2 t., Louvain-Paris, Béatrice-Nauwelaerts, 1970², le Père R.-A. Gauthier a néanmoins opéré une vigoureuse remise en ordre des problèmes et des perspectives interprétatives qui fait fond des conclusions « génétiques » de Fr. Nuyens (dans son ouvrage *L'Évolution de la psychologie d'Aristote*, Louvain, 1948). Il a ainsi proposé une compréhension du plan de l'*Eth. Nic.* qui dans ce cadre, mais dans ce cadre *seulement,* ne manque pas de rigueur (*cf.* I-1, p. 79-82 et II-2,

a) Le premier de ces problèmes concerne la différence entre *theôria* et *praxis,* c'est-à-dire celle-là même qui gouverne l'opposition des deux approches aristotéliciennes de l'*eudaimonia.* Du point de vue textuel, le problème se noue dès la toute première phrase de l'*Éthique à Nicomaque,* dans laquelle Aristote pose le principe de l'universalité d'une structure téléologique appelée à régir ensuite l'ensemble de l'*Éthique* et de la recherche du bonheur humain. Aristote écrit dans cette déclaration liminaire : *Pasa tekhnè kai pasa methodos, homoiôs de praxis te kai proairesis agathou tinos ephiesthai dokei* (I, 1, 1094 a 1-2). C'est bien l'énoncé d'un principe finaliste, mais à quoi exactement, à quel(s) domaine(s) ce principe s'applique-t-il ? Faut-il ou ne faut-il pas y subordonner la théorie ?

Le chapitre précédent nous a montré que la réponse à cette question dépend en fait entièrement du sens que l'on attribue à la comparaison ménagée par Aristote. La phrase introductive de l'*Éthique* dit en effet, comme nous l'avons vu, que « Tout art (ou toute production, *tekhnè*) et toute *methodos,* et pareillement aussi toute action (*praxis*) et toute règle d'action (*proairesis*) visent, à ce qu'il semble, quelque bien ». Or, nous savons maintenant que dans cette phrase le terme *methodos* pose un redoutable problème de traduction et d'interprétation. Nous savons aussi que derrière ses traductions plus ou moins prudentes, et plus ou moins masquées dans leurs sous-entendus, par « discipline scientifique » (Gauthier-Jolif), « investigation » (Tricot, Burnet, Joachim) ou « recherche rationnelle » (Souilhé)[1], se trouve en fait la *theôria* elle-même.

En effet, si l'on opte pour l'interprétation de *methodos* au sens de « recherche rationnelle », voire « spéculative »[2], alors la *theôria* demeure

p. 848-866, 891-896). L'idée directrice en est que dans l'*Eth. Nic.* (et ce n'était pas encore le cas dans l'*Éthique à Eudème*) Aristote « a complètement fait éclater » le schéma traditionnel des trois genres de vie en prônant un « idéal de vie mixte » et une « morale de l'amitié » (*cf.* aussi I-1, p. 296-299). En un sens, cette interprétation rejoint la conclusion qui était déjà celle de Rodier sur la « morale du juste milieu », mais elle s'en éloigne par son caractère critique vis-à-vis de « l'équivoque », de « l'ambiguïté » et des « incohérences » qui seraient liées à *l'instrumentalisme* de la psychologie et même de l'ensemble de la pensée d'Aristote (p. 861-863, 893-896). Nous y reviendrons plus en détail.

1. *Cf.* Gauthier-Jolif, *op. cit.*, I-2, p. 1 et II-1, p. 3-4, et *supra* l'ensemble des références qui ont été données au chapitre I.

2. Rappelons la note de J. Tricot *ad* 1094 a 1 : « Aristote oppose ici à la *tekhnè,* à la *science pratique,* la *methodos,* la *recherche spéculative* » (n. 2 p. 31).

à l'arrière-plan du livre I, et l'hiatus avec le livre X s'atténue fortement[1]. Si, au contraire, on opte, comme nous avons dit qu'il faut le faire pour respecter la construction de la phrase, pour l'interprétation la plus large de *methodos,* au sens de « méthode (ou règle) de production », et si l'on maintient ainsi un strict parallèle entre *tekhnè* et *methodos* d'une part, *praxis* et *proairesis* d'autre part, alors il n'y a plus de place dans le livre I pour le bonheur provenant de la vie spéculative, et l'hiatus avec le livre X apparaît tout à fait clairement[2].

Puisqu'il faut trancher sur ce point dès le début de l'*Éthique à Nicomaque,* on peut essayer de trouver un appui dans la distinction qu'Aristote opérait, au premier livre de l'*Éthique à Eudème,* entre la connaissance théorique des vertus, celle que préconisaient Socrate et Platon, et leur mise en œuvre effective. Seule cette mise en œuvre est susceptible, précisait alors Aristote, de nous conduire au bonheur, car « ce n'est pas de connaître (*to eidenai*) la nature de la vertu qui est le plus précieux, mais de savoir (*to ginôskein*) ses sources. En effet, ce n'est pas connaître ce qu'est le courage que nous désirons, mais être courageux » (I, 5, 1216 b 20-22).

On pourrait objecter que dans ce passage de l'*Éthique à Eudème* l'opposition du verbe *eidenai* (qui est typiquement platonicien) au verbe *ginôskein* laisse libre le champ pour une interprétation large du savoir chez Aristote : la *theôria* serait alors une compréhension non strictement théorique, une « connaissance », et aussi bien une connaissance pratique. Il ne faut cependant pas oublier que l'un des enjeux majeurs de la distinc-

1. On ménage ainsi une ouverture vers l'idéal de la « vie mixte » cher, nous l'avons dit, à de nombreux commentateurs. L'éloge de la vie mixte (tant au niveau moral qu'au niveau politique et constitutionnel) n'ayant été explicitement formulé que par Cicéron et par le Moyen Stoïcisme, Gauthier-Jolif n'hésiteront pas à affirmer dans leur commentaire : « Il y a tout lieu de croire que Panétius ou mieux encore Chrysippe s'est inspiré d'Aristote. C'est donc bien l'idéal d'Aristote qui, par Théophraste et par Chrysippe, s'est transmis à Panétius, à Posidonius, à Antiochus d'Ascalon, à l'auteur péripatéticien dont s'inspire l'abrégé d'Arius Didyme et s'est traduit dans l'expression "vie mixte", *bios synthetos,* avant de parvenir, par Varron, jusqu'à saint Augustin et par saint Augustin jusqu'au Moyen Age » (*op. cit.*, II-2, p. 866).

2. voir sur ce point l'étude décisive de C. J. de Vogel, « Quelques remarques à propos du premier chapitre de l'Éthique de Nicomaque », dans *Autour d'Aristote.* Recueil d'études de philosophie ancienne et médiévale offert à Monseigneur A. Mansion, Louvain, Éditions de l'Institut Supérieur de Philosophie, 1955, p. 307-323 ; *cf.* aussi P. Rodrigo, *Aristote et les "choses humaines"*, Bruxelles, Ousia, 1998, p. 71-117.

tion qu'Aristote introduit, contre Platon, entre *sophia* et *phronèsis,* c'est-à-dire entre « sagesse théorique » et connaissance ou « savoir pratique », est d'instaurer une séparation radicale entre la connaissance théorique des causes de ce qui est et *l'action* en connaissance de cause (et même l'action en connaissance *pratique* de cause). Comme nous y avons insisté dans le premier chapitre, Pierre Aubenque, Richard Bodéüs, Günther Bien et Franco Volpi ont particulièrement bien mis en valeur ce dualisme fondamental de la pensée aristotélicienne, et ils ont montré que c'est précisément lui qui autorise à faire d'Aristote le fondateur de la philosophie politique et pratique au sens strict, en tant qu'étude des procédures de rationalité spécifiques du champ de l'agir humain – alors que Platon d'un côté, et les sophistes de l'autre, ne voyaient dans ce champ qu'un domaine d'application : application de la rationalité théorique pour le premier, application de procédures rhétoriques pour les seconds [1].

Dans ces conditions, la différence entre *theôria* et *praxis,* et donc entre bonheur contemplatif et bonheur pratique, apparaît tout à fait claire du point de vue doctrinal, mais il est bien certain que cela ne fait qu'accentuer la tension entre les deux conceptions de l'*eudaimonia* [2].

b) Notre perplexité est encore relancée au chapitre I, 3 de l'*Éthique à Nicomaque,* où Aristote amorce une discussion relative aux divers genres de vies. Il recense dans ce chapitre les opinions communément partagées sur les types de vie heureuse, et rappelle qu'*on* fait habituellement résider le bonheur, soit dans la vie de plaisirs, soit dans la course aux honneurs,

1. *Cf.* P. Aubenque, *La Prudence chez Aristote,* Paris, P.U.F., 1963 ; R. Bodéüs, *Le Philosophe et la Cité. Recherches sur les rapports entre morale et politique dans la pensée d'Aristote,* Paris, Les Belles Lettres, 1982 ; et *Politique et philosophie chez Aristote,* Namur, Société des études classiques, 1991 ; G. Bien, *Die Grundlegung der politischen Philosophie bei Aristoteles,* Freiburg-München, Alber, 1973 ; Fr. Volpi, « Réhabilitation de la philosophie pratique et néo-aristotélisme », dans *Aristote politique. Études sur la* Politique *d'Aristote,* P. Aubenque (éd.), Paris, P.U.F., 1993, p. 461-484.

2. Signalons rapidement, sans y insister, qu'une fois cette tension reconnue on peut néanmoins être tenté de clore la question en déclarant péremptoirement, avec Burnet, que le livre X montre que « c'est la vie théorétique que le *phronimos* a en vue lorsqu'il détermine la médiété, car il sait que sa sagesse pratique n'est que la servante de la sagesse théorique du philosophe. Eudème exprime exactement la même pensée, sous une forme définitivement religieuse, lorsqu'il affirme que la norme du bonheur est *ton theon therapeuein kai theôrein,* "glorifier Dieu et jouir de Lui à jamais" » (*The Ethics of Aristotle,* edited with an introduction and notes, London, Methuen, 1900, p. 439, nous traduisons). Mais il est bien certain qu'à aucun moment Aristote n'a fait de la *phronèsis* la « servante » de la *sophia*…

soit enfin dans la possession des richesses. Discutant alors du bien-fondé de ces opinions communes, il note que les deux premiers genres de vie ne constituent pas *en eux-mêmes* des fins. Or, le bien ayant été posé, dès le début de l'ouvrage, comme la fin dernière[1], il s'ensuit que ni le plaisir ni l'honneur ne peuvent constituer la « fin que nous recherchons pour elle-même », puisqu'ils sont liés aux vicissitudes externes et représentent, par conséquent, des finalités incomplètes. C'est alors qu'Aristote ajoute abruptement : « Le troisième <genre de vie>, c'est la vie contemplative (*theôrètikos*), dont nous ferons l'examen tout à l'heure » (I, 3, 1096 a 4-5). Puis il poursuit par la critique de la troisième des opinions courantes : « Quant à la vie de lucre, c'est un genre de vie qu'on n'embrasse que sous l'empire de la contrainte ; et la richesse, c'est évident, n'est pas le bien que nous recherchons : elle n'est qu'un bien utile, c'est-à-dire un bien que l'on poursuit en vue d'un autre » (1096 a 5-7).

Il est tout à fait frappant que l'allusion au *bios theôrètikos,* dans ce contexte d'un examen des opinions communes, *ne s'imposait pas.* Elle s'imposait si peu qu'Aristote ajourne d'ailleurs à « plus tard », ou à « tout à l'heure », l'examen de la capacité de ce type de vie à nous faire accéder au bonheur. On reste donc perplexe devant cette courte intrusion du théorétique, et on le reste d'autant plus que ce « tout à l'heure (*en tois hepomenois*) » renvoie en fait aux chapitres 7 à 9 du livre X ! De plus, comme Gauthier et Jolif le signalent dans leur Commentaire, « le meilleur manuscrit de l'*Éthique,* K^{b}, dit même : “à l'instant”, *en tois ekchomenois* »[2]. Tout ceci pourrait faire penser qu'une étude de la vie théorétique se trouvait primitivement dans le livre I de l'*Éthique à Nicomaque,* à la suite immédiate de ce passage (comme on la trouve au chapitre I, 5 de l'*Éthique à Eudème,* celui qui se clôt par la différence qui a été rappelée tout à l'heure entre connaître ce qu'est la vertu et savoir la mettre en œuvre). On peut même aller jusqu'à penser que les chapitres 7 à 9 du livre X se situaient autrefois à la suite du chapitre I, 3. Mais ce

1. On lisait en effet en I, 1, 1094 a 18-22 : « Si tous les objets de nos actions sont ordonnés à une fin que nous souhaitons pour elle-même – tout le reste n'étant souhaité que pour elle – et si nous ne choisissons pas toutes choses pour autre chose – on irait ainsi à l'infini, si bien que le désir serait vain et vide – il est évident que cette fin sera le bien par excellence, le souverain bien (*tagathon kai to ariston*) » (Pour éviter la connotation théologique du « souverain bien » il est sans doute préférable de traduire *to ariston* par « le meilleur <des biens> »).

2. Gauthier-Jolif, *op. cit.*, II-1, p. 33 (*ad* 1096 a 5).

genre d'interprétation génétique, qui a connu son heure de gloire avec Werner Jaeger, s'est révélé bien souvent aléatoire dans ses résultats. Mieux vaut donc suspendre notre jugement et nous borner à reconnaître que les paradoxes du bonheur sont loin de se dissiper pour l'instant et que les bords de la question demeurent flous [1].

c) La troisième source d'interrogation se trouve dans le livre X, au chapitre 7. On y lit en effet que le bonheur lié à la contemplation théorique est *tout à la fois* divin et humain. Aristote écrit en premier lieu : « N'est-ce pas là <une> vie trop haute pour être une vie d'homme ? Car ce n'est pas en tant qu'il est homme que l'homme vivra de la sorte, mais en tant qu'il a en lui quelque chose de divin (*theion ti*) ». Puis il ajoute quelque lignes plus bas : « Mais il ne faut pas suivre le conseil de ceux qui nous exhortent à ne nourrir, hommes, que des ambitions d'homme, mortels, des ambitions de mortel. Il faut au contraire, autant qu'il est possible, se conduire en immortel (*athanatizein*), et tout faire pour vivre de la vie de ce qu'il y a en nous de plus haut. » [2]

Ultimement, il semble donc que le meilleur pour un homme ce soit encore de « s'immortaliser » autant que possible : « cette vie-là, conclura Aristote, est la plus heureuse (*eudaimonestatos*) » (1178 a 8). Comme le remarque Tricot, « peu de formules sont aussi célèbres <que cet *athanatizein*>, mais nulle n'est plus obscure » [3] ! C'est qu'en effet la part divine, le *theion ti* qui est en l'homme, n'est rien d'autre que « l'intellect », le *noûs* [4]. Or justement, qu'est-ce exactement que le *noûs* ? On se

1. M.-H. Gauthier-Muzellec a tenté de préciser la « logique » et la « structure sous-jacente » à l'intrusion de la vie théorétique en *Eth. Nic.*, I, 3. Elle voit se dessiner dans les trois vies effectivement retenues par Aristote (vie de plaisir, d'honneurs, puis vie théorétique – en lieu et place de la vie de lucre) « une logique (...), puisque les vies successivement considérées obéissent à un mouvement d'ascension selon les niveaux d'être du composé humain » (*sc.* : corps / composé / âme). De là son hypothèse d'une « mise en œuvre [par Aristote] d'un registre naturaliste » représentant la « structure sous-jacente » d'une éthique de la juste mesure qui place l'homme entre l'animal et la divinité (cf. *Aristote et la juste mesure*, Paris, P.U.F., 1998, p. 18-19, 117-127).

2. *Eth. Nic.*, X, 7, 1177 b 26-28 et b 31-34 (tr. fr. Gauthier-Jolif. Dans la suite de cette étude nous suivons, sauf mention contraire, cette traduction, quitte à la modifier parfois sur certains points).

3. J. Tricot, *Aristote. Éthique à Nicomaque.* Nouvelle traduction avec introduction, notes et index, Paris, Vrin, 1959, p. 513, n. 2.

4. *Cf.* 1177 b 30-31 : « Si donc c'est du divin que l'intellect (*ei dè theion ho nous*) en regard de l'homme, ce sera aussi une vie divine que la vie selon l'intellect en regard de la vie humaine. »

gardera de répondre trop vite que c'est ce qui contemple théoriquement les principes immuables de ce qui est, voire ce qui les « touche » intuitivement, puisqu'Aristote admet *aussi* un *noûs pratique* qui, pris en son sens le plus large, est à concevoir comme un aspect de la « prudence » (*phronèsis*) – dans la mesure où en effet, et par définition, cette dernière discerne concrètement ce qu'est la « règle correcte », l'*orthos logos* qu'il convient d'appliquer en pratique à chaque situation pour pouvoir la mener *à bien,* c'est-à-dire vers l'*agathon* qui constitue sa belle réalisation. C'est dire que le *theion ti* dont il est question au livre X pourrait fort bien concerner aussi le *noûs* dans son usage pratique, même s'il semble que la *sophia* théorétique doive s'imposer ultimement, dans ce dernier livre de l'*Éthique,* aux yeux d'Aristote[1].

Néanmoins, même si c'est bien du *noûs* théorétique et du bonheur contemplatif qu'Aristote traite finalement au livre X de l'*Éthique à Nicomaque,* les bords de la question s'effritent à nouveau lorsqu'on prend en compte les formules où il est clairement précisé que pour le sage lui-même, aussi autarcique et aussi divin soit-il, il est préférable « d'avoir des compagnons pour l'aider (*sunergous ekhôn*) » (7, 1177 a 34)[2], et qu'il lui faudra encore « de ces biens extérieurs qui font la vie sereine comme un beau jour, car il est homme (...), et il faut aussi que le corps soit en bonne santé et qu'on ait le vivre et le confort » (9, 1178 b 33-35). Ainsi font retour la vie politique et la vie biologique... Ne font-elles qu'accompagner extérieurement, comme par accident, la vie de « l'homme le plus chéri des dieux », ou bien teintent-elles intimement le bonheur contemplatif d'une touche d'humanité politique et charnelle? Le paradoxe ultime est qu'Aristote n'a pas cru devoir être plus explicite dans sa détermination philosophique de la nature du bonheur. Nous y reviendrons tout à l'heure. Disons provisoirement qu'avec la notion de *zôon*

1. Voir sur ce point J.-L. Labarrière, « De l'unité de l'intellect chez Aristote et du choix de la vie la meilleure », dans M. Canto-Sperber et P. Pellegrin (éd.), *Le Style et la pensée.* Recueil de textes en hommage à Jacques Brunschwig, Paris, Les Belles Lettres, 2002, p. 221-243; ainsi que I. Schüssler, « La question de l'*eudaimonia* dans l'*Éthique à Nicomaque* d'Aristote », *Études Phénoménologiques,* 16-17, 1992-1993, 79-102 et 3-26; G. Rodier, *op. cit.*, p. 215-217.

2. Sur cette question, voir J. M. Cooper, « Aristotle on Friendship », dans A. O. Rorty (ed.), *Essays on Aristotle's Ethics*, Berkeley-Los Angeles-London, University of California Press, 1980, p. 301-340; nous nous permettons de renvoyer également à notre étude : « Le point sensible de l'amitié parfaite », dans P. Rodrigo, *Aristote, l'eidétique et la phénoménologie,* Grenoble, Millon, 1995.

politikon il pensait peut-être avoir désigné suffisamment clairement *l'ordre* fondamental auquel il convient de rapporter toujours sa notion d'*eudaimonia*[1].

II. VERTU ET EXCELLENCES

Venons-en aux paradoxes concernant la vertu. Ils sont au nombre de deux, qui ont inspiré une très abondante littérature secondaire. Le premier est bien connu, il s'agit du cercle dont on ne peut apparemment pas sortir entre la vertu morale, la prudence en tant que « vertu intellectuelle (*aretè dianoètikè*) » et l'homme prudent[2]. Au chapitre II, 6 de l'*Éthique à Nicomaque* Aristote définit en effet la vertu morale en ces termes :

> La vertu est un état habituel qui dirige la décision (*hexis proairetikè*), consistant en un juste milieu relatif à nous, dont la norme est la règle morale, c'est-à-dire celle-là même que lui donnerait l'homme prudent (*ho phronimos*) (1106 b 36-1107 a 2).

La règle morale n'étant rien d'autre que l'*orthos logos* que discerne la prudence, et l'homme prudent étant lui-même impliqué dans la définition de la prudence, puisqu'il est celui qui « délibère correctement, d'une façon générale, sur ce qui contribue à la vie heureuse (*poia pros to eu zèn holôs*) » (VI, 5, 1140 a 28), on voit que nous parcourons effectivement à travers ces textes cardinaux de l'*Éthique à Nicomaque* un cercle où se mêlent la détermination strictement morale de la vertu, le portrait traditionnel de l'homme qui délibère bien, et la signification qu'on pourrait nommer extra-morale des dites « vertus intellectuelles », les *dianoètikai aretai* (qui sont en fait les modes d'excellence du raisonnement).

Cela nous conduit au second paradoxe, celui de la double signification du terme *aretè* chez Aristote : aussi bien vertu au sens moral

1. Pour une lecture beaucoup plus critique, qui souligne « l'échec » (supposé) d'Aristote dans sa tentative pour déterminer la part de théorie et de pratique dans la vie heureuse, *cf.* J. Ackrill, « Aristotle on *Eudaimonia* », dans A. O. Rorty (ed.), *Essays on Aristotle's Ethics, op. cit.*, p. 31-33. Selon l'auteur, cet échec est celui de toute philosophie pratique qui laisse place en elle, même résiduellement, au point de vue de ce qui est *sub specie aeternitatis*.

2. Voir principalement P. Aubenque, *La Prudence..., op. cit., passim.*

qu'excellence de toute chose, excellence d'un bon cheval, excellence d'une bonne flèche, etc. Pierre Aubenque est allé jusqu'à parler de « notion bâtarde » à propos de la notion de vertu dianoétique, de même qu'il a évoqué la « solution boiteuse » de la prudence, toujours prise entre hasard et nécessité[1]. Gauthier et Jolif n'ont de cesse, quant à eux, d'insister sur les « incohérences foncières » de la théorie aristotélicienne des vertus – qui serait intimement viciée par le recours malencontreux à des exemples et à une structure de pensée provenant de l'activité technique (de la *poièsis* et de la *tekhnè*), là où Aristote cherche en réalité à conceptualiser l'agir pratique (la *praxis*) : « <Aristote> applique à l'action morale des analyses conçues pour rendre compte de la production, et il se trouve par là amené à l'expliquer en termes de relativité ; au lieu d'être sa fin à elle-même, l'action morale devient un moyen de *faire* autre chose qu'elle-même, le bonheur »[2]. Ici encore, comme tout à l'heure dans le cas du bonheur, nous proposerions volontiers un suspens du jugement critique, car avant d'accorder aux interprètes leur diagnostic il convient d'argumenter encore.

Certes, nous sommes embarrassés par la doctrine des vertus puisqu'Aristote n'a pas jugé bon d'expliquer en quoi exactement Périclès valait à ses yeux comme le bon délibérateur par excellence – ce qui est, ajoute-t-il comme pour accroître notre embarras, une opinion partagée par les athéniens en général : « nous estimons que Périclès et ses pareils sont des <hommes> prudents, parce qu'ils sont capables de voir ce qui est bon pour eux et ce qui l'est pour les hommes » (VI, 5, 1140 b 7-10). Il est vrai aussi que nous restons perplexes devant l'emploi répété d'exemples d'*aretai*, non pas éthiques ou politiques, mais bien plutôt techniques (le bon cithariste, le bon marin, le bon gymnaste, etc.) ; cependant, l'omniprésence du paradigme technique se trouve en partie légitimée lorsqu'on analyse de plus près l'usage qu'Aristote en fait au livre II de l'*Éthique à Nicomaque* – un livre qui est consacré en entier à l'étude des vertus strictement morales. C'est dans le chapitre II, 1 qu'apparaît la comparaison entre les comportements moralement vertueux et la production technique :

1. *Cf.* P. Aubenque, *op. cit.*, p. 118 et p. 175.

2. Gauthier-Jolif, *op. cit.*, II-1, p. 7. Voir aussi p. 199 et p. 886, ainsi que J. Ackrill, art. cit., p. 16.

> Pour les vertus au contraire (*de*) nous ne les acquérons que si nous en exerçons d'abord l'activité (*energèsantes proteron*). Il en va comme pour les arts (*tekhnôn*) : ce qu'on ne peut pas faire sans l'avoir appris, c'est justement en le faisant qu'on l'apprend. C'est en construisant des maisons qu'on devient constructeur et en jouant de la cithare qu'on devient cithariste (II, 1, 1103 a 31-34).

Cet « au contraire » implique clairement un renvoi aux lignes précédentes. Or, dans celles-ci Aristote remarquait que ce qui nous est donné « par nature (*phusei*) » passe à l'acte au moment voulu sans que nous ayons eu besoin de l'apprendre d'abord. Il est donc clair que le paradigme technique a été essentiellement convoqué par Aristote pour lui permettre *d'écarter* les vertus morales de toute référence à la nature, et pour l'autoriser à conclure que ces vertus morales (qui sont des vertus du « caractère », de l'*èthos*) doivent être formées par l'artifice de l'exercice et de l'apprentissage répétés. Dans cette optique discontinuiste il n'est pas incohérent, loin de là, de faire appel aux *tekhnai* pour illustrer la formation du comportement en *hexis* habituelle [1]. Un peu plus loin dans le traité, Aristote saura d'ailleurs fort bien marquer la *différence,* cette fois, entre les arts et la morale, en notant que la « perfection (*to eu*) » d'un produit de l'art réside dans ce produit et en lui seul, alors que celle des actes moraux requiert que « celui qui les accomplit possède, en les faisant, certaines dispositions » telles que la modération et la justice (*cf.* II, 3, 1105 a 29-31).

Aristote sait donc qualifier avec précision *l'intention morale* interne à l'agent, dans sa différence spécifique avec le projet technique tout entier voué à la production et à la réussite extérieure. À la relativité de la réussite technique, qui concerne toujours un objet extérieur au producteur, s'oppose alors le caractère absolu de la perfection morale, qui ne concerne que l'agent de l'acte. C'est d'ailleurs cette absoluité, pour chaque agent, de l'*aretè* morale que souligne paradoxalement la notion de « juste mileu relatif à nous (*mesotès pros hèmas*) » qui intervient dans la définition de la vertu morale. C'est également cette même absoluité morale qui enferme, *par nécessité,* le raisonnement d'Aristote dans un cercle allant sans cesse de la vertu morale à la prudence et à l'homme prudent. Ainsi, si la définition de la vertu peut sembler tourner en rond, c'est l'effet de la

1. C'est-à-dire en « tenue », comme y insiste judicieusement I. Schüssler, art. cit. Voir *infra*, notre chap. VI.

chose elle-même, et, d'un autre côté, lorsqu'Aristote sort de ce cercle pour convoquer des exemples techniques, ce n'est pas forcément une incohérence de sa part. Mais il reste vrai que cette alternative entre une argumentation circulaire et une argumentation analogique peut paraître n'offrir qu'un piètre choix : le choix entre un échec et une « solution boiteuse »...

Pour avancer il ne faut pas hésiter à élargir notre champ d'investigation et à affronter ensemble les paradoxes relatifs à l'articulation du bonheur aux vertus. C'est à ce niveau d'ensemble que les questions précédentes vont tout à la fois se nouer les unes aux autres et dégager l'horizon pour un dénouement possible.

III. AUTONOMIE MORALE ET TÉLÉOLOGIE DU BIEN

Les paradoxes précédents trouvent un écho amplifié dans la définition du bonheur humain comme « activité de l'âme selon la vertu (*psukhès energeia kat'aretèn*) et, s'il y a plusieurs vertus, selon la meilleure et la plus achevée (*kata tèn aristèn kai teleiotatèn*) » (I, 6, 1098 a 16-18). Cette définition présente deux aspects remarquables :

Elle semble mettre la vertu, ou les vertus, *au service* du bonheur, ce qui contrevient évidemment au caractère autotélique et absolu de l'*aretè* aristotélicienne.

Elle a été obtenue, une fois encore, par comparaison avec une *tekhnè* – précisément celle du cithariste : de même que la fonction propre du cithariste, son *ergon,* est de jouer de la cithare, de même la fonction propre de l'homme est de porter à l'acte (*energeia*) les capacités de son âme qui le spécifient en tant qu'homme et non en tant qu'animal ou plante. L'*energeia* de l'âme humaine est donc pensée sur le modèle de l'action technique, alors que c'est elle qui permet de définir le bonheur humain.

Nos problèmes antérieurs sont donc effectivement rassemblés ici : celui de la multiplicité des genres de vie susceptibles de conduire au bonheur de l'homme (avec l'indécision entre la ou les vertus), celui de l'autotélie des vertus et celui de l'équivoque entre morale et technique. C'est précisément en raison de cette conjonction des problèmes que Gauthier et Jolif considèrent que « l'incohérence » d'Aristote touche à son comble lorsqu'il fait ainsi de l'action morale « un moyen de *faire* autre chose qu'elle-même, le bonheur »[1]. En effet, parler, comme ils le font, d'un « moyen », c'est relever l'antinomie entre le caractère absolu de la vertu et sa mise au service du bonheur, et évoquer (en le soulignant) « un moyen de *faire* » le bonheur, c'est insister sur le poids du paradigme technique de la fabrication. David Ross remarquait d'ailleurs déjà, dans son *Aristote*, que « la moralité consiste <pour Aristote> à faire certaines actions non parce qu'elles semblent bonnes en elles-mêmes, mais parce que nous les reconnaissons capables de nous rapprocher de ce qui est "bien pour l'homme" »[2], et il s'étonnait de la contradiction, flagrante à ses yeux, entre ce statut relatif de la vertu et l'affirmation constante que la *praxis* trouve sa fin en elle-même, à la différence de la *poièsis*.

Une fois de plus il nous faut recommander sur ce point un complément d'analyse. Avant toute chose demandons-nous comment Aristote en arrive à une définition du bonheur si lourde d'ambiguïtés apparentes. On répondra en trois temps :

a) Il accepte tout d'abord, comme nous l'avons vu, le principe d'une interprétation téléologique du bien[3].

b) Partant de là, il accepte encore l'opinion courante partagée par la foule et par les hommes cultivés : tous considèrent que le bonheur, l'*eudaimonia*, c'est le nom de « la réussite dans la vie » (*to eu zèn*) et de « la réussite dans l'action » (*to eu prattein*) (I, 2, 1095 a 19).

c) C'est précisément parce qu'Aristote commence ainsi par asseoir sa recherche sur des opinions bien confirmées, conformément à ce qui est sa méthode usuelle lorsqu'il s'agit d'enquêter sur des choses non immuables[4], qu'il doit nécessairement faire intervenir dans sa définition du bonheur l'acception traditionnelle d'*aretè* en tant qu'excellence et que

1. *Op. cit.*, II-1, p. 7.

2. W. D. Ross, *Aristotle*, London, Methuen, 1923 (tr. fr. J. Samuel, *Aristote*, Paris-Londres-New York, Gordon and Breach, 1971), p. 264.

3. Citons à nouveau les premiers mots de l'ouvrage, dans la traduction que nous avons proposée : « Tout art et toute règle de l'art, et pareillement aussi toute action et toute règle d'action visent, à ce qu'il semble, quelque bien. Aussi a-t-on justement proclamé que le bien est "ce à quoi toutes choses tendent" » (la formule finale est attribuée à Eudoxe, mais elle est conforme à la doctrine de Platon lui-même, cf. *Phédon*, 97 c-99 c, *Rép.* II, 357 a-d, *Banquet*, 210 a-212 c). Voir *supra*, p. 27-30.

4. En plus des textes bien connus de la *Physique* on peut se reporter ici au passage méthodologique de *Eth. Nic.* I, 1, 1094 b 11-1095 a 13.

perfection, c'est-à-dire l'idée d'une *aretè extra-morale* assurant la réussite des actions entreprises dans tous les domaines[1].

Faut-il voir dans ce cheminement une « incohérence foncière », selon la formule de Gauthier-Jolif ? Autrement demandé, Aristote a-t-il réellement considéré la ou les vertus comme un moyen pour « faire » le bonheur ? Il faudrait admettre, pour accorder crédit à cette accusation, que la simple idée d'une action morale téléologiquement orientée signifie déjà l'échec d'une pensée de la moralité comme telle dans son absoluité. Il faudrait admettre qu'un tel schéma de compréhension est déjà puisé dans la structure de l'action technique productrice. Or, même si cette position est, de fait, celle de nombreux interprètes (Ross, Gauthier-Jolif, Aubenque, etc.), tel n'est pas le cas, puisque, s'il y a assurément une *intentionnalité* dans tout comportement moral, ceci n'autorise néanmoins en aucune façon à confondre cette intentionnalité qui est en vue d'elle-même, c'est-à-dire autotélique, avec quelque intention productrice. Il semble donc que c'est faire un mauvais procès à Aristote que de l'accuser de mettre la ou les vertus au service du bonheur parce qu'il écrit que tout acte excellemment conduit « vise quelque bien ». Il est beaucoup plus conforme à la logique de son cheminement et à sa méthodologie la plus ordinaire de supposer qu'au début de l'*Éthique à Nicomaque* il entend bien prendre appui sur les opinions admises par la majorité de ses auditeurs, afin de les *transposer* ensuite (si l'on peut se permettre reprendre ici un terme qu'Auguste Diès appliquait au platonisme) *dans le champ moral.* C'est ainsi que la notion commune d'*eu zèn* peut passer du sens de « réussite dans la vie » au sens moral de « vie humainement accomplie », et que l'*eu prattein* peut passer du sens usuel de « réussite dans l'action » au sens moral « d'agir bellement ».

S'il en va ainsi on ne devra plus dire, avec Pierre Aubenque, que la vertu reste, chez Aristote, une « notion bâtarde ». Il ne suffira pas non plus de soutenir, sur un mode plus neutre, que « les deux significations d'*aretè* coexistent chez Aristote [...] et rendent difficile d'établir quel est le lien entre la vertu morale et le bonheur »[2]. Mais, pour que notre inter-

1. Voir sur ce point P. Aubenque, *op. cit.*, p. 117, où l'auteur rappelle que déjà ce sens extra-moral « commence à ne plus valoir du temps d'Aristote » ; A. M. Ioppolo, « Virtue and Happiness in the first Book of the *Nicomachean Ethics* », dans A. Alberti (ed.), *Studi sull'etica di Aristotele*, Naples, Bibliopolis, 1990, p. 121-126.

2. A. M. Ioppolo, art. cit., p. 122.

prétation ait une chance d'être convaincante il faut à présent que nous nous assurions que la transposition qui vient d'être évoquée ne porte effectivement pas atteinte à l'idée même de vertu morale. Autrement dit, il nous faut montrer que la relation qu'Aristote instaure entre bonheur et vertu(s) n'est pas celle de la fin et des moyens. C'est en ce point que la notion d'*ordre* intervient.

IV. L'ORDRE DU BONHEUR

La vertu n'est pas elle-même le bonheur, parce qu'elle n'est qu'une « disposition » acquise, une *hexis,* alors que le bonheur est un « acte », une *energeia.* Ceci est clair[1]. Mais comment les vertus peuvent-elles être en vue du bonheur sans devenir *ipso facto* des moyens ? Existe-t-il une autre modalité de cette relation ? Le mérite d'avoir ouvert ce genre de questionnement revient à William Hardie, dans une étude de 1965, « The final Good in Aristotle's Ethics »[2], où il a distingué ce qu'il a nommé « fin dominante » de ce qu'il a nommé « fin inclusive ». La fin dominante est par nature unique et tout ce qui y concourt vaut par rapport à elle comme un simple moyen. En revanche, la fin inclusive est telle qu'elle peut inclure en elle des composantes multiples ne valant pas comme moyens mais comme *aspects* de cette fin. Selon Hardie, Aristote aurait eu en vue ces deux types de finalité, mais il ne serait pas parvenu à les différencier fermement, c'est pourquoi son éthique resterait profondément ambiguë et ne réserverait à la finalité inclusive qu'un rôle « occasionnel »[3]. La prédominance finale du bonheur lié à la vie contemplative s'expliquerait, en particulier, par l'option majoritaire pour la finalité « dominante ».

C'est sur le fondement de cette distinction opératoire que John Ackrill a pu par la suite reprendre l'argumentation, tout en contestant les conclusions de Hardie : il soutient en effet, contre Hardie, qu'Aristote a constamment eu en vue une doctrine du bonheur comme « fin inclusive » et qu'en conséquence le problème du dualisme du bonheur (tantôt pratique, tantôt théorique) ne se pose même pas puisque le bonheur, bien

1. *Cf.* I, 3, 1095 b 31-1096 a 2 et I, 9, 1098 b 30-1099 a 6 ; *Eth. Eud.* II, 1, 1219 b 9.

2. Les acquis de cette étude ont ensuite été repris et développés dans l'ouvrage classique de W. F. R. Hardie, *Aristotle's Ethical Theory,* Oxford, Clarendon Press, 1968.

3. *Cf.* W. F. R. Hardie, *op. cit.*, chap. 2.

compris, *inclut* en lui les deux aspects théorique et pratique de l'*eu zèn*. Ackrill insiste cependant sur le fait qu'Aristote n'aurait pas pu déterminer le « mixte » fixant la part respective de vie théorique et de vie pratique dans la vie heureuse[1].

C'est dans cette voie qu'il faut poursuivre notre tentative pour lever les paradoxes sur le bonheur et les vertus. Reprenons donc la question qui est demeurée ouverte : comment concevoir une relation entre le bonheur et les vertus qui ne relève pas du rapport de la fin aux moyens, une relation que nous pourrions alors à bon droit appeler « inclusive » ? Aristote lui-même nous en a-t-il donné la possibilité ?

Au niveau logique, notre problème est de parvenir à formaliser une relation R entre deux variables x et y (à savoir, la/les vertu(s) et le bonheur), de telle sorte que R ne soit pas une relation de type instrumental où x est le moyen de y. Une première réponse forte à ce problème peut être trouvée dans la logique moderne, notamment dans la théorie « méréologique » de Stanislaw Lesniewski[2]. La méréologie de Lesniewski pose en principe que les ensembles logiques ne peuvent pas être construits à partir d'éléments atomiques : en logique, en effet, il faut tenir le concept d'individu pour un non-sens, car on a toujours affaire à des variables qui représentent par définition une *classe* d'individus. Lesniewski considère donc que l'entité logique de base est la *partie* (*meros* en grec, d'où « méréologie »). L'intérêt de sa doctrine tient surtout à ce qu'il thématise explicitement la relation entre les parties comme relation entre « ingrédients » et non entre éléments, l'idée étant qu'un « ingrédient » est défini *par la relation elle-même* et ne lui préexiste nullement comme le ferait un élément atomique. Bref, l'être de l'ingrédient est *tout entier relatif*[3]. Par conséquent une relation d'inclusion est, si l'on utilise le vocabulaire de Lesniewski, une relation d'ingré-

1. Voir J. Ackrill, art. cit. et l'étude citée de A. M. Ioppolo.

2. *Cf.* St. Lesniewski, *Sur les fondements de la mathématique*, tr. fr. G. Kalinowski, Paris, Mouton, 1989, en particulier chap I-III. Notre référence à la « méréologie » de Lesniewski n'a rien de fortuit car, comme on va le voir, cette conception du rapport logique entre une totalité et ses parties est étonnamment proche de celle qu'Aristote avait élaborée.

3. Un bon exemple en serait l'être de l'organe, qui est un ingrédient de la totalité organique du corps vivant, un ingrédient et non un “élément” en soi. Dans ce cas précis, il est clair que la relation R entre l'organe (x) et le corps vivant (y) n'est pas instrumentale, mais du type que Hardie appelait « inclusif ». Il faut même dire que l'inclusion organique *constitue* jusque dans son être propre l'ingrédient qu'elle implique.

dience, et il est essentiel pour notre propos de remarquer qu'une telle relation établit un strict ordre logique entre les ingrédients, puisqu'il est bien évident que « x est partie de y » n'est pas équivalent à « y est partie de x »[1].

On peut conclure de là qu'il existe des *strates logiques* entre des phénomènes corrélés par le biais d'une relation d'ingrédience, tels qu'un corps vivant et ses organes, ou encore, pour revenir à notre problème central, entre des phénomènes corrélés tels que le bonheur et les vertus. Les relations entre ces strates ne ressortissent pas de la causalité, c'est-à-dire du rapport fin / moyens[2]; en réalité, ce sont des relations entre ordres différents dont on peut dire que l'un vaut comme enveloppe ontologique, ou comme « phénomène enveloppe », de l'autre, ou bien encore qu'il vaut comme « macro-phénomène » relativement à l'autre[3].

Si donc on considère le bonheur comme le « phénomène enveloppe » des différents biens et des différentes vertus, et si l'on thématise la relation entre les biens et les vertus comme une relation d'ingrédience xRy, l'exposé d'Aristote retrouve sa cohérence doctrinale. On comprend en particulier qu'Aristote ait pu écrire que le bonheur est « la chose la plus digne de choix, sans figurer cependant au nombre <des biens> (*mè sunarithmoumenèn*) » (*Eth. Nic.*, I, 7, 1097 b 16-17)[4] : c'est tout simplement

1. Par suite, on pourrait dire, dans les termes de Bertrand Russell, que la relation R permet de distinguer clairement des « types » logiques. Russell résolvait ainsi, comme on le sait, les paradoxes logiques de Hilbert, mais c'est précisément le refus de cette solution par le biais des types qui a conduit Lesniewski à sa « méréologie ».

2. Ce point est finement approché par J. Ackrill, art. cit., p. 19 : *That the primary ingredients of eudaimonia are for the sake of eudaimonia is not incompatible with their being ends in themselves; for eudaimonia is constituted by activities that are ends in themselves.*

3. *Cf.* Fr. Meyer, *Problématique de l'évolution*, Paris, P.U.F., 1954, p. 91-108. Comme précédemment à propos de Lesniewski, cette référence aux catégories forgées par Fr. Meyer n'est pas accidentelle. Sa théorie biologique lutte en effet, comme celle d'Aristote avait elle aussi dû le faire, sur deux fronts : celui de l'opposition au matérialisme causal et celui de la réfutation des idéalités creuses du finalisme. En identifiant des « niveaux » dans l'explication des phénomènes complexes, tel le vivant, cette théorie se rapproche singulièrement de la « moriologie » mise en œuvre par Aristote dans ses traités biologiques (*cf.* sur ce point P. Pellegrin, *La Classification des animaux chez Aristote*, Paris, Les Belles Lettres, 1982).

4. L'auteur des *Magna Moralia* I, 2, 1184 a 15-39 a explicitement posé le problème de l'incommensurabilité du bonheur avec ses ingrédients, mais, comme il raisonne en termes toujours comparatifs, il n'a pu le résoudre. Il faut du moins lui reconnaître de n'avoir pas masqué son désarroi.

parce que le bonheur n'est pas du même ordre logique que ses ingrédients. De même, si le bonheur est le phénomène qui enveloppe l'exercice effectif des vertus, on comprend mieux la nature de la relation non causale et non instrumentale qu'il entretient avec ces vertus. Enfin, la pluralité des vertus n'est plus un problème dans l'optique de l'ingrédience.

Mais Aristote lui-même a-t-il pensé et conceptualisé quelque chose de ce genre ? Oui, sans nul doute. Déjà, au chapitre II, 1 de l'*Éthique à Eudème,* il faisait une rapide allusion à la différence entre le rapport fin / moyens et la relation tout / parties (ou relation *tôi moria*)[1]. Mais c'est surtout au livre delta de la *Métaphysique* qu'on trouve la confirmation de son attention à notre problème. En effet, aux chapitres Δ, 25 et 26, Aristote détermine les divers sens du Tout et des Parties et montre qu'il y a lieu de distinguer deux types de totalité :

> <Ou bien> en tant que les choses contenues <dans la totalité> ont chacune une unité, ou bien en tant que c'est de leur ensemble que résulte l'unité (1023 b 28-29).

Le premier de ces deux cas est celui des totalités composées d'*éléments contigus* ayant chacun une certaine réalité atomique, comme lorsqu'il s'agit des pièces d'un puzzle ou de celles d'un assemblage instrumental. Le second cas est précisément celui des totalités composées de parties ingrédientes continues. En effet, précise immédiatement Aristote :

> Le continu, le limité est un tout quand une unité résulte de plusieurs constituants (*hen ti ek pleionôn èi*), surtout quand ces constituants sont seulement en puissance, et, à défaut, même quand ils sont en entéléchie (b 32-34).

Il est donc tout à fait clair que, d'un point de vue strictement logique, la totalité dont les parties constituantes n'existent qu'*en puissance* représente pour Aristote l'unité de type organique ou inclusif proprement dite, et que la totalité dont les éléments existent *en acte* représente l'unité de type ensembliste – tel le navire ou tout objet technique complexe où il faut reconnaître, en toute rigueur, que « l'entéléchie sépare (*hè ente-*

1. Cf. *Eth. Eud.* II, 1, 1219 b 11-13. On trouvera de bonnes remarques sur « faire partie » au sens de « être immanent à », dans le Commentaire à l'*Eth. Nic.* de Gauthier-Jolif, *op. cit.*, II-2, p. 542-547, p. 574-575 et p. 863.

lekheia khôrizei) » (*Metaph.*, Z, 13, 1039 a 7) les parties en éléments distincts coordonnés les uns aux autres. Par conséquent, on peut tenir pour bien attesté qu'Aristote faisait nettement le départ entre l'ordre de la causalité élémentaire et l'ordre de la « méréologie ».

Que le bonheur représente pour Aristote un *ordre,* cela signifie donc qu'au niveau logique il doit être appréhendé comme l'expression d'un *niveau d'être* : celui d'un *phénomène enveloppe* par rapport aux biens et aux vertus. Les différents biens constituent quant à eux, lorsqu'on les analyse dans cette optique, des *macro-phénomènes* relativement aux vertus morales et aux excellences extra-morales qui en sont les *ingrédients.* On comprend mieux alors à quel point l'interprétation du bonheur en termes de « vie mixte », et à quel point les débats récurrents sur la suprématie de l'un ou de l'autre des éléments de cette vie que l'on voudrait heureuse, sont défaillants dans leur logique même : c'est qu'ils mettent *sur le même plan* des phénomènes d'ordre différents. Les divers paradoxes sur lesquels nous avons insisté devaient néanmoins être d'abord exposés, non seulement pour faire le bilan des interprétations, mais surtout pour qu'à partir du parcours des apories ainsi mises en évidence s'impose l'exigence d'une reformulation logique de la question de la vie bonne prise comme une totalité englobante.

Est-ce à dire que tout s'articule à présent sans paradoxe et sans ambiguïté aucune ? Assurément non, mais un principe d'intelligibilité a été trouvé, à partir duquel on pourra commencer à examiner sur une base solide quelles sont la *valeur* et les *limites* de l'aristotélisme – puisque, comme Aristote nous l'a appris, « le principe a quelque chose de la limite (*hè arkhè peras ti*) » (*Metaph.*, Δ, 18, 1022 a 12).

CHAPITRE III

A-PROPOS ÉTHIQUE ET MÉDIÉTÉ AXIOLOGIQUE CHEZ ARISTOTE

(...). En d'autres termes le célèbre principe (d'Aristote) que la vertu consiste dans le juste *milieu* entre deux vices est faux.

Ce jugement critique sans appel figure, on s'en souvient, dans l'Introduction de la deuxième partie de la *Métaphysique des moeurs* d'Emmanuel Kant [1]. Il a valeur de réfutation d'une thèse qui contreviendrait gravement, selon le fondateur du Criticisme, aux véritables « principes généraux de la métaphysique des moeurs qui doivent être suivis dans l'élaboration d'une doctrine pure de la vertu » [2]. Pour faire bonne mesure, Kant ajoute encore en note, au bas de la même page, que la position aristotélicienne lui paraît tout à fait comparable aux traditionnelles sentences « ordinaires et classiques dans la terminologie morale » [3], puisqu'aussi bien cette position revient selon lui à prôner une fois de plus, et d'une façon parfaitement convenue, l'idée d'une fort banale médiété morale. En tout ceci ne s'exprimerait finalement qu'« une sagesse

1. E. Kant, *Métaphysique des mœurs. Doctrine de la vertu*, tr. fr. A. Philonenko, Paris, Vrin, 1968, p. 76. Voir aussi p. 106.

2. C'est l'intitulé exact du § XIII de l'Introduction, *op. cit.*, p. 75.

3. *Ibid.*, p. 76 n. 1. Exemples de ces sentences : *Medio tutissimus ibis ; Medium tenuere beati ;* etc. Sur le rapport d'Aristote à la sagesse traditionnelle voir l'étude éclairante de J. O. Urmson, « Aristotle's Doctrine of the Mean », dans *Essays on Aristotle's Ethics* (A. O. Rorty ed.), Berkeley-Los Angeles-London, University of California Press, 1980, p. 157-170.

insipide, qui n'a aucun principe déterminé »[1]. À suivre Kant, et en paraphrasant un autre jugement célèbre, celui de Heidegger sur la théorie aristotélicienne du temps, on serait donc tenté de parler, concernant Aristote, d'une *conception vulgaire de la vertu*... Regardons-y cependant de plus près.

Pourquoi le principe de la vertu-médiété est-il si insipide aux yeux de Kant ? Parce qu'en matière de vertu, répond-il, il ne peut être question de « degré suivant lequel on observe certaines maximes »[2]. Avec la vertu, il y va, selon Kant, d'une question autrement plus essentielle : celle de la différence entre l'impératif catégorique et les impératifs hypothétiques. « C'est d'après la loi qui commande catégoriquement que < le > pouvoir éthique doit être apprécié »[3], tel est le *seul* principe éthique que Kant reconnaisse. Ce principe implique qu'on juge des actes humains, non d'après ce que tels hommes empiriques peuvent ou ne peuvent pas accomplir en telle ou telle circonstance, mais « d'après la connaissance rationnelle des hommes tels qu'ils devraient être conformément à l'Idée de l'humanité »[4]. Bien entendu, semblable devoir-être n'est pas le moins du monde circonstanciel ; c'est pourquoi, si l'occasion peut fort bien faire le larron, jamais elle ne fera le vertueux[5]. Il s'ensuit que sous le nom de « sagesse insipide » Kant ne rejette pas tant, malgré son soulignement dans le texte, l'idée de « milieu » que celle de milieu *entre deux vices,* estimant qu'entre deux vices, justement, ne peut guère trouver place qu'un troisième vice. Autrement dit, Kant refuse de prendre philosophiquement en considération l'éventualité d'une *dimension axiologique qualitative* de la médiété, c'est-à-dire l'éventualité d'une dimension par laquelle cette dernière affirmerait – ce point est capital pour tout ce qui va suivre – son indépendance ontologique vis-à-vis des extrêmes et

1. *Ibid.*
2. *Ibid.,* p. 76.
3. *Ibid.,* p. 76-77.
4. *Ibid.,* p. 77.
5. À la « fragilité » de la vertu aristotélicienne, dont M. Nussbaum a donné une analyse pénétrante, on peut donc opposer la rigueur absolue des conditions légales de la vertu kantienne; voir sur ce point la discussion entre M. Nussbaum et J. Brunschwig dans M. Nussbaum, « Aristote et la fragilité de la bonté », *Bulletin de la Société française de Philosophie,* LXXX, 1987, 122-144.

qualifierait même, *à partir d'elle,* ces extrêmes comme essentiellement différents d'elle[1].

Nous nous proposons de montrer que cette dimension axiologique est, au contraire, non seulement présente, mais encore fondamentale dans l'éthique aristotélicienne. C'est elle en effet qui autorise Aristote à écrire, en un sens absolument non trivial, quoi que Kant ait pu en penser, que « selon l'essence et la définition exprimant la quiddité, la vertu est une médiété (*mesotès estin hè aretè*) »[2]. C'est également elle qui, comme nous le verrons, thématise philosophiquement au mieux le *kairos* (autrement dit, l'à-propos, l'occasion propice), en accord avec sa phénoménalité propre.

I. L'EIDÉTIQUE DE LA VERTU

Il faut tout d'abord insister sur le cadre logico-eidétique dans lequel la définition aristotélicienne de la vertu comme médiété prend place[3]. Ce préalable est indispensable dans la mesure où l'on sait que l'*Éthique à Nicomaque* est régulièrement ponctuée d'affirmations soulignant la nécessité de toujours associer, afin d'éviter les « discours vides », chaque type d'*eidos* phénoménal à un type approprié du *logos.* Ce que nous nommons ici cadre logico-eidétique n'est rien d'autre que cette association ou cet appropriement.

Ce cadre est indiqué dans ses grandes lignes dès le début de l'*Éthique à Nicomaque,* où Aristote précise que son exposé n'offrira d'éclaircis-

1. *Cf.* E. Moutsopoulos, « L'idée de médiété ontologique », *Kairos. La mise et l'enjeu,* Paris, Vrin, 1991, p. 69-72. Remarquons que chez Kant la médiété, privée de toute efficacité axiologique propre et devenue simple élément de mesure d'un écart, peut fort bien spécifier une troisième vertu entre deux vertus, si ces dernières sont *préalablement déterminées.* L'amitié, par exemple, comprise en sa perfection idéale, correspond à un milieu en lequel « l'amour [déjà déterminé comme « force d'attraction »] et le respect [déjà déterminé comme « force de répulsion »] s'équilibrent exactement », *Métaphysique des mœurs, op. cit.,* t. II, p. 148.

2. Aristote, *Eth. Nic.* II, 6, 1107 a 6-7 (nous traduisons, ici comme dans la suite de l'étude).

3. La doctrine de la vertu-médiété est centrale dans tous les textes de philosophie pratique d'Aristote. Seul le traité *Des Vices et des vertus* fait exception, et c'est l'une des raisons majeures pour lesquelles on le considère comme pseudo-aristotélicien; *cf.* P.-M. Morel, Introduction et traduction de « Pseudo-Aristote, *De la vertu* », *Philosophie,* 73, 2002, 3-11.

sements que « conformément à la matière <ou à la nature> du sujet traité (*kata tès hupokeimenèn hulèn*) »[1]. Ceci veut dire que, s'agissant des conduites humaines – dont le mode d'être n'est ni la nécessité immuable ni l'imprévisibilité hasardeuse, mais le *hôs epi to polu* caractérisant « ce qui est la plupart du temps », généralement mais non pas toujours[2] –, il conviendra de partir de simples prémisses généralement admises (ou « endoxales ») et de s'attendre à des conclusions de même nature[3]. C'est ce qu'Aristote appelle procéder *tupôi*, ou *en tupôi*. Nous y reviendrons. Notons dès maintenant qu'il y a assurément dans le thème insistant de l'ajustement du discours éthique au mode d'être de son objet un enjeu polémique, à la fois contre le sens sophistique de l'à-propos rhétorique (qui produit son objet, la persuasion, comme effet d'un pur et simple renversement langagier judicieux) *et* contre la prévalence platonicienne du savoir théorétique sur l'action (prévalence dont la forme dernière est la théorie de Platon lui-même sur la juste mesure, *to metrion*)[4].

Eu égard à l'*eidos* des phénomènes considérés, nous dirons donc avec Aristote que « pour ce qui a trait à l'action et à l'utile, il n'y a rien de fixe (*ouden hestèkos ekhei*) ». Rien ne s'y dresse à demeure, pourrions-nous ajouter en nous souvenant que *hestèkos* dérive du verbe *histèmi* : « se tenir, demeurer, être immobile »[5]. Une telle formulation sous-entend évidemment – par le jeu des associations immédiates, dans la langue grecque, entre *hestèkos*, *histèmi* et *epistèmè* – que si « savoir » il peut y avoir dans ce domaine, ce ne sera certes pas le savoir théorétique, c'est-à-dire celui qui concerne les entités immuables, celles qui ne peuvent être autres que ce qu'elles sont et demeurent. Mais cela n'implique cependant

1. Aristote, *Eth. Nic.* I, 1, 1094 b 12. Voir aussi II, 2, 1104 a 2-3; *Metaph.* α, 3, 995 a 12-20.

2. *Ibid.*, I, 1, 1094 b 21. La question de la connaissance du *hôs epi to polu* est traitée synthétiquement dans l'ouvrage classique de J.-M. Le Blond, *Logique et méthode chez Aristote*, Paris, Vrin, 1939, p. 79-82.

3. Cf. *Eth. Nic.* I, 1, 1094 b 19-27, ainsi que nos deux chapitres précédents.

4. Sur cette double polémique et sur ses enjeux, voir P. Rodrigo et A. Tordesillas, « Politique, ontologie, rhétorique : éléments d'une kaïrologie aristotélicienne ? », dans *Aristote politique. Études sur la* Politique *d'Aristote*, P. Aubenque (éd.), Paris, Vrin, 1993, p. 399-419.

5. Voir A. Bailly, *Dictionnaire Grec-Français*, éd. revue et corrigée par L. Séchan et P. Chantraine, Paris, Hachette, 1961, *s.v. histèmi*; P. Chantraine, *Dictionnaire étymologique de la langue grecque. Histoire des mots*, Paris, Klincksieck, 1968-1980, *s.v. histèmi*.

aucun renoncement, de la part d'Aristote, à l'exigence d'un *logos* compréhensif. Deux raisons peuvent en être données :

D'une part, dans chaque cas singulier chacun est en quelque sorte *mis en demeure,* par la situation précise, « d'examiner lui-même ce que réclame l'occasion » : *dei d' autous aei tous prattontas ta pros ton kairon skopein*[1]. Or, cette liberté d'examen – qui représente, si l'on veut, la contrepartie positive de la contingence de l'occasion – exige, à n'en pas douter, un certain usage kaïrique du *logos* discriminant ; un usage par le biais duquel s'effectuera comme un *renversement* critique de la situation objective rencontrée par chacun en une situation qui deviendra ainsi, chaque fois, *la sienne*[2].

D'autre part, même si le savoir théorétique n'est pas approprié au mode d'être des phénomènes éthiques il n'en reste pas moins envisageable, « pour une théorie générale (*tou katholou logou*) »[3] de l'action, de dégager les *lignes de constance* de ces phénomènes non immuables et, en particulier, celles de la vertu ; et c'est même précisément en cela que consistera en ces matières le savoir. Arrêtons-nous sur la première des lignes de constance que l'on peut ainsi mettre en évidence : les vertus, écrit Aristote, sont toutes

> naturellement sujettes à périr à la fois par défaut et par excès, comme nous le voyons dans le cas de la vigueur corporelle et de la santé – puisqu'il faut, pour éclaircir les choses obscures, s'appuyer sur des preuves manifestes (...). Une trop forte ou une trop faible quantité (*pleiô kai elattô*) de boissons ou d'aliments ruinent la santé, tandis que la juste mesure (*summetra*) la produit, l'accroît et la conserve[4].

Voici donc une constance dans le domaine fluent de l'action. Mais ces lignes ont encore une autre portée, méthodologique cette fois ; elles montrent clairement que l'analyse logico-eidétique de la vertu prend son départ dans une interprétation d'allure *quantitative* du traditionnel

1. *Eth. Nic.*, II, 2, 1104 a 8-9.

2. Voir R. Brague, *Aristote et la question du monde. Essai sur le contexte cosmologique et anthropologique de l'ontologie,* Paris, P.U.F., 1988, p. 129-131 ; P. Ricœur, *Soi-même comme un autre* (1990), Paris, Seuil, 1996², p. 219-220. La mise en demeure et le renversement kaïrique exigent assurément aussi une finesse et un *tact* sensibles, mais on n'oubliera pas que la sensation est justement, pour Aristote, un *logos* discriminant, cf. *de An.* III, 2, 426 b 7.

3. *Eth. Nic.*, II, 2, 1104 a 5.

4. *Ibid.,* 1104 a 12-18.

adage : *mèden agan*, « rien de trop ». Rappelons tout d'abord, en deux mots, le sens de l'adage. Cette formule, qui est attestée chez Théognis de Mégare et chez Pittacos dans son rapport explicite au *kairos* et au *metron*[1], avait un sens originairement *religieux* qui prévenait les hommes contre le danger de l'*hubris*, c'est-à-dire contre le risque de commettre une injustice vis-à-vis des dieux. Ce n'est qu'après une réélaboration scientifique, pythagoricienne en un premier temps, puis hippocratique, que, comme on a pu le souligner, « la notion de mesure <a> fait retour à l'éthique »[2]. Ceci étant, il faut noter que dans le cas présent ce retour – qui est effectué par Aristote au moyen d'une analogie aisément compréhensible avec le savoir médical : trop ou trop peu d'aliments et de boissons ruinent la santé – fait clairement entrevoir, malgré sa formulation d'apparence strictement quantitative, la dimension *axiologique qualitative* de la médiété[3]. En effet, si la juste mesure *quantitative* des aliments « produit », ou « fait être la santé (*tèn hugieian poiei*) »[4], c'est bien parce que cette dernière ne réside pas par essence *dans* les aliments mais plutôt dans la *façon*, dans le mode qualitatif, dont on en use ou dont on les prescrit avec plus ou moins d'à-propos. On pense, bien sûr, ici au traité hippocratique *Du Régime*, dans lequel l'auteur établit que la santé est qualitativement, « dans chaque cas singulier (*pros hekastèn phusin*) », « la mesure (*metron*) des aliments et la proportion exacte (*arithmos summetros*) des exercices, ni plus ni moins »[5]. Par sa réminiscence

1. Voir respectivement 21 A 27 D.-K. et 10, 3 ε D.-K. Pour le sens non temporel de *kairos* dans ces occurrences, *cf.* J. R. Wilson, « *Kairos* as "Due Measure" », *Glotta* 58, 1980, 177-204. Concernant les relations entre *kairos, metron* et *mesos*, voir J. Souilhé, *La Notion platonicienne d'intermédiaire dans la philosophie des dialogues,* Paris, Alcan, 1919, p. 9-16 (avec les notes 10 à 24 pour le rappel des textes grecs).

2. R.-A. Gauthier et J.-Y. Jolif (noté *infra* Gauthier-Jolif), *Aristote. L'Éthique à Nicomaque.* Introduction, traduction et commentaire, Louvain-Paris, Béatrice-Nauwelaerts, 1970[2], tome II, Première partie, p. 143. *Cf.* J. Souilhé, *op. cit.*, p. 16-43.

3. Voir, dans l'optique d'une axiologie finaliste, M.-H. Gauthier-Muzellec, *Aristote et la juste mesure,* Paris, P.U.F., 1998, p. 67 : « L'exemple techniciste de la diététique ou de la gymnastique sert ainsi de modèle à la médiété éthique, alors que l'excellence de la vertu éthique conditionne dans une certaine mesure l'attribution à la production poïétique, qui imite le processus naturel, d'un finalisme dirigé par une médiété adaptée à son niveau, ainsi que le report sur la production naturelle d'une médiété induite et rehaussée. »

4. *Eth. Nic.*, II, 2, 1104 a 17-18.

5. Hippocrate, *De nutrimento* I, II, 2 (Littré VI, 470). Le traité ajoute que la juste mesure *scientifique* est malheureusement impossible à déterminer *pros hekastèn phusin*; de là l'importance accordée au *kairos* dans l'art médical. Voir aussi *De loc. in hom.* XLIV,

hippocratique l'analogie médicale que nous rencontrons chez Aristote suggère donc fortement, dans sa terminologie paradoxalement quantitative, que le mode d'être des vertus éthiques relève constamment, c'est-à-dire *à chaque fois,* d'une juste disposition (*hexis*) en laquelle s'accomplit dynamiquement une mixtion, c'est-à-dire une transformation qualitative, des éléments appropriée à la situation – et au retournement ontologique de cette situation – et non un simple mélange quantitatif des composantes de la situation telle qu'elle est donnée[1]. C'est pourquoi Aristote conclut le chapitre II, 2 de son *Éthique* en affirmant que le trait le plus constant de la vertu morale est qu'elle « nous fait agir de la meilleure façon dans le domaine des plaisirs et des peines »[2], à savoir : *hôs dei, kai hote, kai hosa alla prostithetai,* « comme il faut, quand il faut, et toutes les autres conditions »[3]. Tel est le résultat le plus fondamental de l'eidétique aristotélicienne de la vertu.

II. L'Inconstance de la vertu

Nous avons dit que chacun est, à chaque fois, mis en demeure de découvrir lui-même cette façon la meilleure de bien agir dont nous venons de cerner, avec Aristote, l'*eidos.* Il faut avouer aussi à présent combien l'approche eidétique que nous venons d'opérer reste insuffisante en la matière, et combien la dimension proprement kaïrique de la juste visée de « ce que réclame l'occasion » déjoue indéfiniment, *par principe,* toute tentative de périgraphie de la part du discours logico-eidétique. En effet, si *l'aretè réclame* le moment opportun, le lieu opportun, le cas et les personnes qui conviennent, etc.[4], son actualisation

1-2 (Littré VI, 399). Alcméon écrit, de façon semblable, que « la santé est la crase bien proportionnée des qualités opposées (*tèn hugieian tèn summetron tôn poiôn krasin*) » (24 B 4 D.-K.). Sur le rapport art médical / *kairos*, et plus généralement *tekhnè* / *kairos*, *cf.* P. Aubenque, *La Prudence chez Aristote,* Paris, P.U.F., 1963, p. 95-105.

1. De même, la « chair » n'est-elle pas, comme l'enseignait Empédocle, un composé d'éléments secs et d'éléments humides, mais leur « mixtion (*mixis*) ». Ainsi advient, par mixtion, un milieu (*meson*) où – point déterminant pour l'interprétation qualitative – « il n'y a plus aucun des deux contraires » (Aristote, *De gen. et corr.* II, 7, 334 b 26-27). *Cf.* Gauthier-Jolif, *op. cit.,* t. II-1, p. 144-145 ; E. Moutsopoulos, *op. cit.,* p. 69.

2. *Eth. Nic.,* II, 2, 1104 b 27-28.

3. *Ibid.,* 1104 b 26.

4. Cf. *ibid.,* II, 5, 1106 b 16-23.

et son entéléchie effectives relèvent forcément d'un accomplissement téléologique ou, pour gloser au plus près le sens de l'entéléchie, d'une *tenue d'ensemble* dans le *telos* dont on ne pourra, à l'évidence, jamais rendre théorétiquement compte en essayant de prendre conceptuellement sa mesure (on se condamnerait alors à égrener *ad infinitum* la liste des catégories et de leurs cas d'application). Qui plus est, on sait aussi, par l'*Éthique à Nicomaque* et par d'autres textes d'Aristote qui, tel le *de Anima,* traitent de l'*energeia*, qu'une telle tenue d'ensemble dans le *telos* est aussi bien subjective qu'objective[1] ! *Ta pros ton kairon skopein*, c'est donc découvrir avec à-propos, par un acte du jugement que Kant aurait pu dire « réfléchissant » mais non certes « déterminant », ce qui ne peut apparaître du point de vue logico-catégorial que comme un in-fini par principe incompréhensible.

Quelle constance la théorie d'ensemble de la philosophie pratique peut-elle dès lors trouver en ces matières pour les comprendre malgré tout ? Aristote répond qu'une telle constance n'est pas celle de la médiété arithmétique – qui n'a, de fait, aucune portée axiologique –, puisque l'aspect kaïrique de l'ajustement du comportement éthique interdit de prendre en compte « le moyen dans la chose (*tou pragmatou meson*) » qui s'écarte à égale distance des deux extrêmes[2]. Abandonnant donc là la *mesotès arithmètikè*, Aristote établit alors, grâce à une nouvelle analogie sur laquelle nous allons revenir, que la constance recherchée – celle qui va permettre au moraliste, quoi qu'il en soit de la singularité des circonstances pratiques, de cerner la quiddité de la vertu en sa « nature » spécifique[3] – est celle du « milieu par rapport à nous (*meson pros hèmas*) »[4]. Concernant la caractérisation de ce milieu deux points doivent être retenus :

1. La vertu, qui *est* une médiété, *vise* aussi une médiété; la première médiété est subjective, la seconde, objective. Ceci apparaît clairement en *Eth. Nic.* II, 5, 1106 b 27-28 : « la vertu est donc une médiété, en ce sens qu'elle vise le milieu » (*mesotès tis ara estin hè aretè, stokhastikè ge ousa tou mesou*). Quant à l'*energeia*, elle est *toujours* une actualisation conjointe (par exemple l'actualisation conjointe de l'organe et de son milieu, de la forme et de la matière qui lui convient, du faire et du subir, etc.); cf. *de An.* III, 2, 425 b 25-27.

2. *Eth. Nic.* II, 5, 1106 a 29-30.

3. *Ibid.*, 1106 a 26 : *hè phusis autès*, par opposition à *tôi genei hè aretè* en 1106 a 12.

4. *Ibid.*, 1106 a 31.

Le premier point est qu'à aucun moment Aristote ne cherche à faire usage des médiétés mathématiques de type géométrique ou harmonique, connues pourtant depuis Pythagore[1]. Il conserve, certes, la notion de « milieu » et il ajoute même, en passant, que le milieu par rapport à nous est « ce qui n'est ni trop ni trop peu (*ho mète pleonazei mète elleipei*) »[2]. Il reprend donc une nouvelle fois à son compte l'interprétation quantitative du *mèden agan*, mais il néglige cependant, à l'inverse de Platon, de saisir les possibilités offertes par les avancées de la science mathématique de son temps, et cela pour une raison de stricte fidélité aux phénomènes non immuables. Par conséquent, on ne trouvera pas dans l'*Éthique à Nicomaque* – fût-ce, comme dans le *Timée,* sous la forme d'un mythe acceptable en raison – d'interprétation de l'excellence de l'âme en termes de proportion géométrique ; cette proportion que Platon disait pourtant être « le plus beau des liens (*desmôn kallistos*) »[3]. On n'y lira pas davantage, comme dans le *Philèbe,* qu'il convient en toute chose de « mettre fin à l'opposition naturelle des contraires et de produire entre eux les proportions et l'accord (*summetra kai sumphôna*) en y introduisant le nombre » ou la « limite (*peras*) »[4], afin de pouvoir vivre harmonieusement ces plaisirs purs dont le paradigme reste, dans le dernier platonisme, la vision des belles figures géométriques[5].

Le second point est que la notion spécifique de « milieu par rapport à nous » est introduite, au chapitre II, 5 de l'*Éthique à Nicomaque,* au moyen d'une analogie avec le corps, comme l'avait déjà été, au début du chapitre II, 2, la notion générique de médiété. Il est cependant très remarquable que la *tekhnè* évoquée maintenant dans le cadre de la

1. Sur la *mesotès geômetrikè* (ou *gametrikè*) et celle *hupenantia* (ou *harmonika*), voir le témoignage de Jamblique cité par Nicomaque de Gérase (18 B 15 D.-K.). Platon accorde, comme on le sait, une grande importance à ces médiétés, en particulier dans le *Sophiste* et dans le *Timée* ; c'est ce qui a conduit E. Moutsopoulos à écrire que le fondateur de l'Académie « avait envisagé le problème de façon bien plus complète, sinon plus compliquée » qu'Aristote (*op. cit.,* p. 70)... Sans doute serait-il plus juste de dire, avec B. Dumoulin, qu'à la « transposition » philosophique platonicienne des mathématiques Aristote a sciemment opposé une « détransposition » ne s'appuyant plus sur la science mathématique : *cf.* B. Dumoulin, *Recherches sur le premier Aristote (Eudème, De la Philosophie, Protreptique)*, Paris, Vrin, 1981, p. 15-16, 80-81, 159-165.

2. *Eth. Nic.* II, 5, 1106 a 31-32.

3. Platon, *Tim.* 31 c.

4. Platon, *Phil.* 25 d-e.

5. *Ibid.,* 51 c.

nouvelle analogie n'est plus tant la *médecine* que la *gymnastique*... On saisit mieux les raisons profondes de ce changement de paradigme si l'on s'avise du fait que la médecine produit la santé comme milieu et prévient la maladie comme excès ou défaut[1], alors que l'art du maître de gymnastique produit et entretient, quant à lui, *l'excellence dynamique* des corps vigoureux de ses élèves, leur *energeia*, et qu'il le fait parce que *relativement à chacun d'eux* « c'est le milieu qu'il vise et qu'il choisit »[2]. On voit bien par là que le critère décisif pour le juste milieu relatif à nous, dont l'art du maître de gymnastique offre analogiquement le modèle, est proprement l'excellence spécifique, ou *l'optimalité* : *meson te kai ariston*[3]. Nous en conclurons que, contrairement à ce que Kant a pu soutenir, un tel critère et une telle sagesse supposent bel et bien une certaine « idée de l'humanité », mais une idée *dynamiquement incarnée,* et incarnée dans un certain *type* d'hommes : ceux qui, précise l'*Éthique à Eudème* en une formule tout particulièrement suggestive, sont « inconstants d'une bonne manière (*kalôs anômaloi*) »[4].

Être inconstant d'une bonne manière, voilà bien la plus étonnante formule jamais appliquée à l'excellente médiété éthique ! Mais cette formule est profondément juste puisqu'on y entend tout à fait clairement l'écho de la discontinuité axiologique, autrement dit de « l'inconstance »,

1. Voir le texte de *Eth. Nic.* II, 2, 1104 a 12-18 cité *supra* (l'excès ou l'insuffisance d'exercice physique sont également évoqués dans ce passage); *cf.* M.-H. Gauthier-Muzellec, *op. cit.,* p. 67-69.

2. *Eth. Nic.* II, 5, 1106 b 6-7 : *to de meson zètei kai tout' haireitai* (...) *to pros hèmas*. Le texte se poursuit en généralisant l'analogie à tous les « bons artisans <qui> ont les yeux fixés sur cette médiété <spécifique> quand ils travaillent » (b 13-14). Cette conception de la médiété est donc éminemment dynamique, et même, à vrai dire, *énergeiologique.* Sur les rapports entre ontologie, ousiologie, énergeiologie, hénologie et théologie chez Aristote, voir les remarques capitales de L. Couloubaritsis, *Aux origines de la philosophie européenne,* Bruxelles, De Boeck, 1992, chap. 6, p. 472-491.

3. *Ibid.,* 1106 b 22. La formule fait écho au « *kairos epi pasin aristos* » d'Hésiode et de Théognis (textes cités et commentés par J. Souilhé, *op. cit.,* p. 11 nn. 16 et 17). Voir aussi II, 6, 1107 a 23 : *to meson einai pôs akron*; ainsi que la fin du texte de II, 6, 1107 a 6-7, cité au début de cette étude (: « selon l'essence et selon la définition exprimant la quiddité, la vertu est une médiété (...) »), que nous pouvons maintenant compléter par l'autre branche de l'alternative : « (...), selon l'excellence et le bien <c'est-à-dire cette fois, selon la perfection et la réussite de l'œuvre entreprise>, la vertu est un sommet (*akrotès*) » (1107 a 7-8). H. H. Joachim a fait remarquer, à très juste titre, que ces lignes « écartent une fois pour toutes l'idée qu'Aristote affirme que la vertu est un compromis entre deux vices », *Aristotle. The Nicomachean Ethics,* Oxford, Clarendon Press, 1951, p. 92.

4. Aristote, *Eth. Eud.* III, 7, 1234 b 5.

que l'optimum kaïrique introduit dans une situation objective donnée. Il vaut d'ailleurs la peine de citer ce passage-clé de l'*Éthique à Eudème* dans son entier :

> Le milieu (*to meson*) est davantage contraire aux extrêmes que chacun d'eux l'un à l'autre, puisqu'il n'advient (*ginetai*) ni avec l'un ni avec l'autre, alors que ceux-ci apparaissent souvent ensemble et que parfois les mêmes hommes sont fanfarons et poltrons (*thrasudeiloi*)[1], ou tantôt prodigues et tantôt illibéraux, c'est-à-dire, d'une façon générale, inconstants d'une mauvaise manière (*holôs anômaloi kakôs*) ; alors que, lorsqu'ils sont inconstants d'une bonne manière (*kalôs anômaloi*), les médiétés adviennent, car dans le milieu se trouvent en un sens les extrêmes (*en tôi mesôi gar esti pôs ta akra*)[2].

On ne saurait mieux dire que l'excellente médiété advient par la *façon* dont l'homme vertueux infléchit « bellement » la situation. Bellement, c'est-à-dire comme il convient, comme l'occasion le réclame, et le réclame *de lui*. Ce tournant axiologique peut sans aucun doute être dit *constitutif* des extrêmes, au sens où c'est effectivement à partir de lui, et de lui seul, que peut advenir une norme dynamique pour tout jugement qualificatif[3]. À partir de lui, et non à partir des éléments de la situation objective. Aussi Aristote écrit-il encore, dans l'*Éthique à Nicomaque* cette fois, que

> Les fanfarons (*hoi thraseis*) sont emportés et appellent de leurs voeux les dangers, mais, là, ils s'effondrent, alors que les hommes courageux sont prompts dans l'action (*en tois ergois oxeis*) et calmes auparavant[4].

Autrement formulé : c'est dans le tranchant de l'oeuvre qui fait décision qu'apparaît constamment (c'est-à-dire à chaque fois), dans sa

1. Ce composé tardif, dérivé de *tharsos*, désigne le « poltron vantard » (*cf.* P. Chantraine, *op. cit., s.v. tharsos*), donc le soi-disant brave qui fanfaronne. La traduction proposée par V. Décarie, « les hommes braves et poltrons », peut prêter à confusion puisqu'il s'agit en fait ici d'une *pseudo*-bravoure (cf. *Aristote. Éthique à Eudème,* Paris-Montréal, Vrin-P.U.M., 1978, p. 143).

2. *Eth. Eud.* III, 7, 1234 b 1-6. *Cf. Eth. Nic.* II, 6, 1107 a 23 et le bon commentaire de Gauthier-Jolif, *op. cit.,* t. II-1, p. 150-151.

3. On trouve, dans le domaine cosmologique, la même idée de *primauté ontologique* du *meson* chez Philolaos; voir 44 A 16 D.-K. et J. Souilhé, *op. cit.,* p. 25-26. L'argumentation de Philolaos est cependant toute mathématique.

4. *Eth. Nic.* III, 10, 1116 a 7-9.

belle inconstance si l'on ose dire, l'instance évaluatrice « réfléchissante » de la vertu-médiété.

III. La phénoménalité de la vertu

Résumons les acquis des analyses des deux paragraphes précédents. Premièrement, Aristote fait entièrement droit à la phénoménalité propre du *kairos*. Il nous indique ainsi que des concepts « déterminants », les catégories, ne peuvent cerner cette phénoménalité en tant que telle. Deuxièmement, ceci ne le conduit pas, loin s'en faut, à renoncer à la recherche des normes éthiques susceptibles de régler, avec une constance adaptée aux phénomènes, nos actions et notre pratique. Troisièmement, l'expression *meson pros hèmas* nomme au plus juste, compte entièrement tenu de la contingence de notre monde, ce que doit être l'excellente ligne de faîte de notre disposition pratique (ou l'excellente ligne de notre *inconstante constance*...) telle qu'elle doit se manifester à chaque fois dans le tranchant de nos actes décisifs, c'est-à-dire kaïriques [1].

L'éthique aristotélicienne prend donc en considération le phénomène du *kairos*, en son sens large de « juste mesure » aussi bien qu'en son acception temporelle de « temps propice », et elle le fait d'une façon que l'on pourra dire *indirecte*, en déterminant conceptuellement l'essence de la vertu comme médiété. Tenir compte de la phénoménalité propre du *kairos*, tenir compte de sa phénoménalité tout particulièrement rétive au concept, c'est en effet nécessairement avoir à suivre une démarche phénoménologique indirecte, semblable à celle que Edmund Husserl a nommé sa « démarche en zigzag » [2] : zigzag entre l'évanescence de la phénoménalité comme telle (ce qui est par excellence le cas du *kairos*) et

1. De cette médiété dynamique et axiologique l'*Éthique à Eudème* précise, dans le cas de la tempérance, qu'elle est « la plus belle disposition (*beltistè hexis*) » (III, 2, 1231 a 36). Cette formule est évidemment à comparer à celle de Platon, que nous avons citée tout à l'heure, selon laquelle c'est la proportion géométrique qui est « le plus beau des liens » (*Tim.* 31 c).

2. E. Husserl, *Recherches logiques,* t. II, Introduction, § 6. Voir sur cette question méthodologique M. Richir, *Méditations phénoménologiques,* Grenoble, Millon, 1992, p. 11-23.

sa détermination eidético-catégoriale[1]. Nous ne pouvons nous attarder, dans le cadre de cette étude, sur les questions techniques de la phénoménologie. Rappelons néanmoins très brièvement que la « réduction eidétique » d'un phénomène à son mode d'être *ne suffit pas,* à elle seule, pour saisir la phénoménalité même de ce phénomène, laquelle est toujours *excessive* par rapport aux catégories de langage qui instituent d'avance, pour nous êtres parlants, les horizons de sens possibles. C'est pourquoi la démarche phénoménologique la plus radicale consiste à revenir sans cesse, en « zigzag » comme le dit Husserl, sur l'hiatus entre les découpes de sens catégoriales déjà instituées dont nous héritons dans le langage (et par lui[2]) et la singularité des phénomènes tels qu'ils se présentent. Ce faisant, cette démarche maintient toujours ouvert un « horizon téléologique » pour le sens[3].

Si tel est bien aussi le sens d'ensemble de la démarche aristotélicienne il faut admettre que la détermination catégoriale temporelle du *kairos* comme *tagathon en khronôi*[4], qui est habituellement tenue pour sa détermination topique, n'est à proprement parler qu'un lieu particulier du discours aristotélicien où s'est déposé un sens du *kairos* qui était déjà bien institué – un sens qui ne livre pas, en réalité, le dernier mot de la pensée d'Aristote lui-même devant le *phénomène* du *kairos.* La phénoménalité kaïrique, rebelle au *logos* eidético-catégorial puisqu'éminemment fluente, scintillerait par exemple bien davantage, dans son évanescence même, au détour de telle ou telle analyse aristotélicienne de la médiété ou de l'instant de bonheur[5]...

Et il en est réellement ainsi puisque, par une nécessité provenant de la chose elle-même, traiter avec à-propos du *kairos* impose – comme Aristote le remarque explicitement, mais fort énigmatiquement aussi, au

1. Au sujet de la prise en compte exemplairement rigoureuse de la phénoménalité par Aristote, *cf.* M. Nussbaum, *The Fragility of Goodness,* chap. 8 : « Saving Aristotle's appearances », Cambridge University Press, 1986, 2001 [2], p. 240-263.

2. Notons que ces découpes sont instituées, justement, depuis Aristote.

3. Voir M. Richir, *op. cit.,* p. 17-18, avec le rappel de la signification kantienne de la téléologie comme « légalité du contingent ».

4. *Eth. Nic.* I, 4, 1096 a 26-27 (le contexte porte sur les différentes catégories selon lesquelles se dit le bien).

5. Cf. *infra*, chap. IV, p. 84-86.

sujet des choses qui font « l'objet de la Politique »[1] – de s'en tenir « à montrer la vérité dans ses grandes lignes et typiquement (*pakhulôs kai tupôi talèthes endeiknusthai*) »[2]. C'est sur ce mode du *logos* que la phénoménalité kaïrique scintille dans le discours. Mais qu'est-ce à dire exactement ? Que signifie ici *tupôi* ? Nous nous garderons de traduire, comme Tricot, *pakhulôs kai tupôi* par « d'une façon grossière et approchée », ou encore, comme Gauthier et Jolif, par « en gros et schématiquement », car, si schématisme il devait y avoir, ce ne serait certes pas au sens banal d'une connaissance grossière (dont l'approximation ne ferait guère honneur à la méthodologie éthique d'Aristote, il faut bien le reconnaître), mais plutôt au sens de ce difficile « art caché dans les profondeurs de l'âme humaine » dont a parlé Kant[3]. En vérité, l'analyse *en tupôi* représente la mise en oeuvre rigoureuse d'une construction de schèmes, ou de *types,* par lesquels la pensée stabilise, autant que cela lui est possible et sans faire violence aux phénomènes, la fluence des objets de notre pratique[4].

Relativement au phénomène du *kairos*, le *nun* de l'instant de bonheur et le *meson pros hèmas* qualifiant la nature spécifique de la vertu morale représentent deux *déterminations typiques* ou deux schèmes. Ces déterminations typiques sont introduites, c'est-à-dire *construites* par le *logos* aristotélicien : dans le cas du *meson*, par analogie avec la médecine et la gymnastique, et dans le cas du *nun*, par analogie avec la floraison[5]. Sans doute y a-t-il là un véritable art caché de l'écriture métaphorique et, aussi bien, un art du « zigzag » méthodologique[6].

1. *Eth. Nic.* I, 1, 1094 b 14-15.

2. *Ibid.*, 1094 b 20-21.

3. E. Kant, *Critique de la raison pure,* Analytique transcendantale, livre II, tr. fr. A. Tremesaygues et B. Pacaud, Paris, P.U.F., 1971[7], p. 153.

4. L'article fondamental pour comprendre le sens et l'enjeu de l'expression *en tupôi* reste celui de G. Roux, « Le sens de *Tupos* », *R.E.A.*, LXIII, 1961-1, p. 5-14; *cf.* aussi, *a contrario*, J. M. Cooper, « Contemplation and Happiness : A Reconsideration », où l'auteur adopte la traduction anglaise usuelle de *tupos* par *sketch*, et se heurte à des difficultés considérables d'interprétation, qu'il reconnaît d'ailleurs ouvertement (repris dans J. M. Cooper, *Reason and Emotion. Essays on ancient moral Psychology and ethical Theory,* Princeton University Press, 1999, p. 212-236).

5. *Hè hôra*, dont on sait le lien, dans la poésie archaïque, avec le *kairos*.

6. Nous reprenons plus en détail dans le chapitre suivant, « *Mimèsis* et métaphore. Deux institutions paradoxales de la vérité », l'analyse de la métaphore chez Aristote.

Notons, pour conclure et pour rendre à Aristote l'hommage qui lui est dû, qu'un tel art de penser et d'écrire – qui sait renoncer quand il le faut à la force de dévoilement ontologique de l'approche catégoriale sans pour autant perdre son acribie propre – convient parfaitement à l'étude de l'à-propos éthique, puisqu'il est lui-même, par son usage judicieux des déplacements métaphoriques, « inconstant d'une belle manière ».

CHAPITRE IV

MIMESIS ET METAPHORE CHEZ ARISTOTE

DEUX INSTITUTIONS PARADOXALES DE LA VÉRITÉ

Nous le savons par les premiers mots de la *Métaphysique* : « Tous les hommes désirent naturellement savoir » [1], et « l'indice » (*sèmeion*) le plus clair de ce désir naturel est le plaisir immédiat que nous prenons aux sensations, en particulier à « celle visuelle » (*hè dia tôn ommatôn*) qui est hautement différenciatrice et qui « nous fait au plus haut point connaître » le monde alentour [2]. Cependant, cet indice, qu'on peut dire naturel, n'est pas le seul témoignage de notre désir, lui-même naturel, de savoir. Un autre indice retient l'attention d'Aristote au chapitre quatre de sa *Poétique*, après qu'il a noté que l'homme est, toujours par nature, « le plus mimétique » des animaux, celui qui « produit ses premières connaissances par imitation » [3]. Aristote ajoute en effet que :

> Tous <les hommes> prennent plaisir aux imitations. Un indice (*sèmeion*) en est qu'il arrive en réalité que, des choses que nous répugnons à voir elles-mêmes, nous nous plaisons à contempler les images (*eikonas*) exécutées avec la plus grande précision, ainsi des animaux les moins nobles et des cadavres [4].

1. *Metaph.* A, 1, 980 a 21.
2. Cf. *ibid.*, a 23-27.
3. *Poet.* 4, 1448 b 7-8. *Cf.* aussi b 5-6.
4. *Ibid.*, 1448 b 8-12.

Voilà pour le moins une indication du plaisir *naturel* que nous éprouvons à prendre connaissance qui provient, cette fois, d'un *artifice*, et même d'un artifice (une image en l'occurrence) produit suivant une *technique* d'exécution des plus minutieuses[1]. « On apprend en regardant » de telles images, précise Aristote[2]; c'est précisément pourquoi elles nous plaisent, puisqu'aussi bien – comme le dira la *Rhétorique* dans un contexte tout aussi technique que celui de la *Poétique*, dans lequel il s'agira des « sentences pertinentes » ou des « bons mots » produits par les bons auteurs – « apprendre facilement est par nature agréable à tous les hommes »[3].

Dès lors, loin que l'imitation produite avec art, ou encore, loin que l'artifice de la *mimèsis* bien construite représente, pour Aristote, un savoir dégradé et trompeur, cet artifice témoigne plutôt, à l'instar de nos sensations, de notre nature. Autrement dit, de même qu'il y a pour notre impulsion à connaître une satisfaction première *dia tôn ommatôn*, « par la vue », de même y a-t-il satisfaction de cette pulsion *dia mimèseôs*, « par imitation »[4]. Ainsi donc, notre désir de savoir ce qu'est en vérité telle chose, notre désir de l'essence (*eidos*), notre *pulsion eidétique*, peut trouver à se satisfaire *et* dans la vision sensible de cette chose *et* dans la contemplation d'un *mimèma*[5] bien construit. Tel est le premier paradoxe. Ce paradoxe, réduit à sa plus simple formulation, est que l'imitation peut, sous certaines conditions touchant à la justesse de son institution, avoir la même valeur ontologique, relativement à la chose prise en vue, que le savoir.

Il est tout aussi paradoxal, voire même davantage encore, de lire que, selon Aristote, par le « transport » (*epiphora*) d'un nom désignant habituellement telle chose à une autre chose, donc par le biais de la métaphore[6], le poète compétent, celui qui maîtrise bien sa *tekhnè*, nous *instruit* ! Le Philosophe écrira en effet expressément au chapitre III, 10 de sa *Rhétorique*, à propos d'Homère, que « lorsque le poète appelle la

1. Cf. *Poet.* 4, 1448 b 10-11.
2. *Ibid.*, b 16.
3. *Rhet.* III, 10, 1410 b 10-11.
4. *Poet.* 4, 1448 b 8.
5. *Ibid.*, b 18.
6. Cf. *Poet.* 21, 1457 b 6-7.

vieillesse « un brin de chaume », il produit une connaissance et un savoir par le genre, car l'un et l'autre sont défleuris »[1] ; et il ajoutera également que la pertinence des belles formules de style comparatif – la pertinence, par exemple, de ce beau vers d'Homère : « Oh, c'est loin tout cela ! Pourtant je crois qu'au chaume on devine l'épi »[2] – tient à ce que ces formules « nous apportent rapidement une connaissance »[3]. Cela est déjà fort remarquable. Mais ce qui l'est encore plus est que la *belle* métaphore, celle qui révèle une réelle maîtrise de l'art poétique ou rhétorique, c'est-à-dire une maîtrise de l'*eu metapherein* consistant à « bien apercevoir les ressemblances »[4], témoigne de la possession d'un savoir-faire dont l'*analogon* n'est autre que la perspicacité *philosophique* elle-même. Le bon rhéteur devra, en effet, comme Aristote le remarque en une incidente capitale du chapitre III, 11 de la *Rhétorique*, « tirer ses métaphores de choses appropriées, mais non point évidentes [sinon ses métaphores seraient ou bien inintelligibles, ou bien par trop fades] ; tout comme en philosophie, apercevoir des similitudes, même dans des objets forts distants, est le fait d'un esprit qui vise juste (*eustokhou*) »[5].

Si nous accordons à l'ensemble de ces considérations techniques sur la métaphore l'intérêt qu'elles méritent et, en particulier, si nous prêtons sérieusement attention à la comparaison que nous venons de lire entre, premièrement, la juste visée philosophique qui cherche à discerner le semblable au sein des différences phénoménales (ne serait-ce, par exemple, que pour poser les catégories selon lesquelles la multiplicité de l'être peut se dire et s'ordonner) et, deuxièmement, le discernement critique du rhéteur ou du poète qui « tire » bien ses métaphores et produit ainsi une *mathèsis*, alors il nous faudra bien admettre un second paradoxe. Ce paradoxe est le suivant : il y a, selon Aristote, une *justesse métaphorique* indéniable, même si la métaphore est par définition un écart du nom par rapport à la chose. Ou plutôt, il n'y a cette justesse que *parce qu'*il y a écart techniquement maîtrisé, parce que, loin d'interdire la connaissance, le transport métaphorique du nom réussi, et dès lors beau,

1. *Rhet.* III, 10, 1410 b 14-15.
2. Homère, *Odyssée*, XIV, 214.
3. *Rhet.* III, 10, 1410 b 21 ; *cf.* b 26.
4. *Poet.* 22, 1459 a 7-8.
5. *Rhet.* III, 11, 1412 a 11-13.

peut *porter vers* la vérité. Il y a justesse métaphorique, pour le dire enfin avec Aristote et pour porter le paradoxe à sa pointe, parce que la belle métaphore « fait image » et, en vérité, « met <la chose> sous les yeux (*pro ommatôn poiei*) »[1]. Telle est la seconde institution paradoxale de la vérité sous la figure de style de la métaphore réussie.

Soyons maintenant plus précis : pourquoi avons-nous parlé, par deux fois, de paradoxe ? Ce terme doit s'entendre relativement à la compréhension dominante, dans notre tradition, des possibilités du langage eu égard à la vérité. On peut nommer cette compréhension, en mode platonicien, la *vocation eidétique* du *logos* philosophique, ou bien, en termes aristotéliciens, la *fonction apophantique* du *logos* catégorial. Notre tradition repose, de fait, principalement quoique non totalement, sur ces deux articulations (par ailleurs conflictuelles, nous allons y revenir) du langage à la vérité. Quelques précisions sont ici requises.

a) Cette articulation du langage à la vérité n'est pas *totalement* dominante, car nous sommes aussi les héritiers, d'une part, de ces deux modes langagiers paradoxaux que sont la *mimèsis* et la métaphore aristotéliciennes (ceux, donc, que nous étudions ici même), et d'autre part, d'un troisième mode paradoxal du *logos*, à savoir la parole oraculaire ou mantique de ceux que Marcel Detienne a justement nommé des « Maîtres de Vérité »[2].

En effet, comme Detienne l'a montré, le poète de la Grèce archaïque « est toujours un "Maître de Vérité". Sa "Vérité" est assertorique : nul ne la conteste, nul ne la démontre (...). Elle ne s'oppose pas au "mensonge"; il n'y a pas le "vrai" en face du "faux". La seule opposition significative est celle d'*Alètheia* et de *Lèthè* »[3]. De ce point de vue, dire la vérité, c'est conserver et chanter la Mémoire en s'opposant à l'Oubli et non à la fausseté. C'est pourquoi il faut aller jusqu'à reconnaître ce paradoxe – ce paradoxe *pour nous* – que le maître de vérité est aussi « un maître de tromperie », comme le furent Achille, Ulysse ou Nestor, autres maîtres

1. *Rhet.* III, 10, 1410 b 34 ; 11, 1411 b 23 ; b 25. *Cf.* III, 2, 1405 b 12.
2. M. Detienne, *Les Maîtres de vérité dans la Grèce archaïque*, Paris, Maspéro, 1967.
3. *Ibid.*, p. 27.

en « grandes paroles » et *du même coup* en ruse[1]. C'est pourquoi, finalement, « posséder la vérité, c'est aussi être capable de tromper »[2].

On peut dire aujourd'hui, après les travaux de Jean-Pierre Vernant, qu'il en est de ce type de parole de vérité comme du *kolossos* ou de l'*eidôlon* archaïques : il y va d'une « présentification de l'invisible »[3] – qu'il s'agisse de présentifier en les sauvant de l'oubli des actions qui ont eu lieu autrefois, ou qu'il s'agisse de présentifier l'âme des morts. Or cela ne va pas sans un effet de *leurre*, tel celui où Achille se prend devant l'ombre de Patrocle : « Il y a, écrit Jean-Pierre Vernant, dans l'*eidôlon* un effet de tromperie, de déception, de leurre, *apatè* ; c'est la présence de l'ami, mais c'est aussi son absence irrémédiable ; c'est Patrocle en personne, mais aussi bien un souffle, une fumée, une ombre ou l'envol d'un oiseau. »[4] L'*idole* archaïque ou le *spectre*, comme la parole mantique, ne sont pas des *imitations*, au sens de l'image qui viendrait faussement tenir lieu de réalité. Leur paradoxe constitutif est de présentifier, au cœur d'*Alètheia*, l'ambiguïté même du paraître et de l'inapparaître. Nous verrons qu'il n'en va pas autrement pour la *mimèsis* et pour la métaphore chez Aristote.

b) Examinons maintenant la doctrine traditionnelle des possibilités du langage de vérité. La vocation eidétique platonicienne du *logos* et sa fonction catégoriale-apophantique aristotélicienne sont, avons-nous dit, ses deux versants conflictuels. Conflictuels, c'est-à-dire semblables autant que différents.

Semblables, ils le sont en ceci que, dans les deux cas, le *logos* est discours sur l'*essence* de la chose dont on parle. C'est par là qu'il peut y avoir hypostase du savoir philosophique, au détriment des vérités phéno-

1. *Cf.* Homère, *Odyssée,* XIX, 203 ; *Iliade,* IX, 443 ; Sophocle, *Antigone* v. 1350. Voir aussi H. Arendt, *Condition de l'homme moderne*, tr. fr. G. Fradier, Paris, Calmann-Lévy, 1961, p. 34-35.

2. M. Detienne, *op. cit.*, p. 77. Lire en outre, aux p. 75-77, l'analyse du prologue de la *Théogonie* d'Hésiode (les Muses capables de l'*Alètheia* et de l'*Apatè*), dans lequel l'auteur voit « un stade intermédiaire entre le plan mythique, celui de la double *Apatè*, et le plan rationnel, celui d'*alèthes* et de *pseudes* » (p. 76) où se développera ultérieurement la théorie de la *mimèsis*. Nous ajouterions, quant à nous, que cette théorie, si elle est bien celle de Platon, *n'est pas* celle d'Aristote.

3. J.-P. Vernant, *Mythe et pensée chez les Grecs*, Paris, Maspéro, 1985[3], p. 339 (voir l'analyse d'ensemble des p. 325-351).

4. *Ibid.*, p. 330.

ménales, si ce savoir prétend constituer *a lui seul* le champ de la présentation sans reste de *la* vérité des choses, s'il prétend donc être le lieu unique de l'*apophansis* véridique. Advient alors, pour reprendre le lexique d'Alain Badiou, une « suture » de la philosophie à l'une de ses « conditions » [1]. Ceci peut avoir lieu au cœur de la « bataille de géants pour l'*ousia* » évoquée par Platon [2] – une bataille conduite au nom des Idées, et qui aboutit à la prise de l'eidétique sur l'ensemble de l'étant, c'est-à-dire à ce que Philippe Lacoue-Labarthe a nommé « la subjugation eidétique du paraître » [3] –, conformément à une vocation à la vérité dont le modèle héroïco-philosophique est le Socrate de l'*Apologie* voué par le « service du dieu » [4] à poser et reposer sans trêve aux athéniens la question du *ti esti* (question que Platon refermera sur la détermination eidétique de l'étant [5]).

Mais, cette hypostase du savoir et cette suture peuvent aussi bien advenir au fil du discours catégorial aristotélicien, au fil du *legein ti kata tinos* de *Métaphysique* Γ, qui est nécessairement un discours de l'*ousia* sous peine de n'être autrement qu'un discours tenu « pour le plaisir

1. A. Badiou, *Conditions*, Paris, Seuil, 1992. À cette figure du « désastre » l'auteur oppose la formule : « la philosophie est *une pincée de vérités* » (p. 68), sachant que « *avant* la philosophie, d'un "avant" qui n'est pas temporel, il y a *des* vérités. Ces vérités sont hétérogènes, et procèdent dans le réel indépendamment de la philosophie » (p. 65). Ce sont les vérités scientifique, politique, amoureuse et artistique : les quatre « conditions » de la philosophie.

2. *Sophiste,* 246 a 4-5.

3. Ph. Lacoue-Labarthe, « La vérité sublime », dans *Du sublime*, Paris, 1988, Belin, p. 104. *Cf.*, p. 113, et M. Heidegger, *Nietzsche*, tr. fr., P. Klossowski, Paris, Gallimard, 1971, t. I, p. 75-89. Clément Rosset détermine, de même, la tendance philosophique issue de Platon comme « pensée d'une insuffisance du réel : l'idée que la réalité ne saurait être philosophiquement prise en compte que moyennant le recours à un principe extérieur à la réalité elle-même (Idée, Esprit, Âme du monde, etc.) appelé à la fonder et à l'expliquer, voire à la justifier » (*cf.* Cl. Rosset, *Le Principe de cruauté*, Paris, Minuit, 1988, p. 13). Ce à quoi l'auteur oppose un « principe de réalité suffisante » (p. 14) et la connaissance *tragique* de la « cruauté » du réel tel qu'il est.

4. *Apol. Soc.* 23 c 1. Sur le courage de Socrate comme reprise philosophique du courage guerrier, *cf.* N. Loraux, « Donc Socrate est immortel », *Le Temps de la réflexion* III, 1982, 19-46.

5. Aristote ne manque pas de remarquer que si Socrate interrogeait, il n'hypostasiait pas le savoir en un universel séparé, l'Idée, cf. *Metaph.* M, 4, *passim*; et aussi *Ref. soph.* 34, 183 b 7.

de parler» de type sophistique[1]. La suture, le «désastre» comme dit Alain Badiou, a lieu ici, non certes parce qu'on parle de l'*ousia* et qu'on cherche à la connaître (car il faut bien en effet parler «de quelque chose»), mais parce qu'advient ce que nous appellerons une *subjugation théologique à la limite* de la question de l'être et de celle de la *praxis*. Ceci veut dire que, chez Aristote, le savoir et la vérité sont identifiés *à la limite*, dans la théorie comme dans la pratique :

– Ils le sont dans la théorie, donc dans la doctrine de l'être, parce que la question de l'être en tant qu'être finit par conduire au voisinage le plus immédiat du divin – au point que la croix des aristotélisants, même une fois écartés les textes apocryphes massivement onto-théologiques tels que *Metaph.* K, demeure d'expliquer clairement un texte comme *Metaph.* E, 1, où la théologie apparaît *à la fois* comme la «science [théorétique] première» ayant pour objet *particulier* «l'objet du genre le plus élevé», à savoir le divin[2], *et* comme un double-limite de la science de l'être en tant qu'être, ou ontologie au sens strict, puisqu'Aristote conclut fort étonnamment que la théologie «est universelle de cette façon, parce que première, et <que> ce sera à elle de considérer l'être en tant qu'être, c'est-à-dire à la fois ce qu'il est et ses attributs en tant qu'être»[3].

– Quant à la pratique, malgré toute l'insistance d'Aristote sur la coupure entre la contingence de la *praxis* humaine et la nécessité divine, malgré encore la différence qu'il maintient clairement, en l'homme, entre *sophia* et *phronèsis*, il est au moins un texte de la *Politique* où l'excellence du savoir pratique recouvre, en son extrême limite, la vérité du phénomène politique. Il s'agit du cas de l'individu qui possède «une excellence à ce point supérieure qu'elle soit sans commune mesure avec celle de tous les autres réunis»[4]. Celui-là, dit Aristote, est sans doute

1. Cf. *Metaph.* Γ, 5, 1009 a 16-22, et, sur l'ensemble de la problématique aristotélicienne de la signification dans son opposition à la sophistique, P. Aubenque, *Le Problème de l'être chez Aristote*, Paris, P.U.F., 1962, p. 94-134.

2. *Metaph.* E, 1, 1026 a 10-23.

3. *Ibid.*, 1026 a 30-32. À propos des difficultés d'exégèse de ce passage, *cf.* P. Aubenque, *op. cit.*, n. 4 p. 40-41, p. 246-250; P. Rodrigo, *Aristote, l'eidétique et la phénoménologie,* Grenoble, Millon, 1995, p. 19-26; ainsi que le recueil collectif *Études aristotéliciennes : métaphysique et théologie*, Paris, Vrin, 1985.

4. *Pol.* III, 13, 1284 a 4-6.

« comme un dieu parmi les hommes (*hôsper theon en anthrôpois*) »[1], et « pour de tels gens il n'y a pas de loi, car ils sont eux-mêmes une loi »[2]. Cette étonnante réminiscence du *Politique* de Platon, transposée du niveau de la *sophia* à celui d'une *phronèsis*-limite, improbable mais possible en droit, place donc, comme chez Platon, l'homme politique dans la posture (cette fois *limite*) de l'incarnation vivante de la loi. Faudrait-il refuser cette hypostase et exclure de la cité cet homme à la vertu hyperbolique? « Rien n'indique qu'il le faille », répond, comme à regret, Aristote[3]. Il convient par conséquent de s'y résoudre : « Reste ce qui semble naturel : que tous obéissent de bonne grâce à un tel homme »[4].

On voit que la similitude de fond de la prise platonicienne de l'eidétique sur l'étant et de la prise aristotélicienne du *logos* catégorial sur ce même étant n'exclut pas des différences profondes quant au risque d'hypostase du pouvoir apophantique du *logos*. L'hypostase onto-théologique et praxo-théologique demeure une limite chez Aristote, et c'est pourquoi il est *aussi* le philosophe qui a préservé dans notre tradition la possibilité d'une pensée de la *mimèsis* et de la métaphore comme modes du *logos* où le dire maintient entre savoir et vérité apophantique le *fructueux différend* que nous allons analyser plus loin. En revanche, l'hypostase onto-praxo-théologique domine *toute* l'œuvre de Platon :

Elle la domine, d'une part, parce que, comme Hannah Arendt l'a remarqué dans son ouvrage *Condition de l'homme moderne*, l'Idée du Beau, dans le *Phèdre* et le *Banquet*, puis celle du Bien, dans la *République*, sont dites être *to ekphanestaton* ou *to phanotaton*[5] – ce qui revient à substituer, dans le domaine politique, le *faire* guidé par un savoir théorique préalable, affermi par lui et passé ainsi sous l'emprise eidétique, à l'*agir* humain toujours précaire que seule peut faire « briller »

1. *Ibid.*, 1284 a 10-11. C'est là une « expression formulaire » sans doute proverbiale (*cf.* Epicure, *Lettre à Ménécée*).

2. *Ibid.*, a 13-14.

3. *Ibid.*, 1284 b 28-29.

4. *Ibid.*, b 32-33.

5. H. Arendt, *op. cit.*, p. 253-254. Cf. *Phèdre*, 250 d 8 ; *Rép.* VII, 518 c 9. H. Arendt note qu'« il est évident que l'éclat, le brillant, est une qualité qui s'applique mieux au beau qu'au bien » (*cf.* H. Arendt, *op. cit.*, n. 1 p. 254). À vrai dire, cette qualité ne s'applique au bien que *par métaphore*.

la parole du poète[1]. En sorte que, poursuit Hannah Arendt, « dans la *République*, le roi-philosophe applique ses idées comme l'artisan ses règles et ses normes; il "fait" sa cité comme le sculpteur sa statue (*Rép.* IV, 420 c) »[2].

Elle la domine, d'autre part, parce que le « royal tisserand » du dialogue le *Politique*, loi vivante de sa cité grâce à son savoir du « juste entrelacement » (*sumplokè*) des âmes qu'il (re)connaît, est dit être « comme un dieu à part les hommes (*hoion theon ex anthrôpôn*) »[3], bien que tout le début du dialogue se soit employé à déclasser le paradigme homérique du pasteur divin[4].

Elle la domine enfin, très clairement, dans les *Lois* où, indépendamment du rôle quasi thaumaturgique du Conseil des vieillards, la meilleure constitution du « second parti » analysé dans ce texte est dite, en tant que meilleur pis-aller concevable en ce monde, devoir « imiter » celle du temps mythique de Cronos[5].

De la surbrillance de l'Idée du Bien normant l'agir, à l'imitation comme pis-aller, en passant par ce « royal tisserand » qui est, sinon un pasteur divin, du moins semblable à un dieu séparé, on voit qu'une mimétologie proprement platonicienne ne cesse de doubler (à tous les sens du terme) la condamnation thématique de la *mimèsis*[6]. On a pu, s'étonnant du trajet qui mène ainsi Platon de l'*Apologie* aux *Lois*, poser la question : « Sur quoi Platon cède-t-il ? »[7]. Nous répondrons, pour notre

1. *Cf.* H. Arendt, *op. cit.*, p. 247-259 pour « La substitution traditionnelle du faire à l'agir », et p. 211-224 pour « La fragilité des affaires humaines » et l'union des actions et des paroles dans la poésie archaïque.

2. *Ibid.*, p. 255. Comme un sculpteur, ou encore comme un « peintre de constitutions » (*Rép.* VI, 501 c 5-6); ce qui implique, comme Ph. Lacoue-Labarthe l'a montré, une mimétologie inavouée au sein de « l'auto-fondation (philosophique) du politique », *cf.* Ph. Lacoue-Labarthe, *La Fiction du politique*, Paris, Bourgois, 1987, p. 123.

3. Platon, *Pol.* 303 b 4.

4. C'est sans doute ici que l'on voit le mieux la volonté platonicienne de substituer l'eidétique philosophique à la parole mythique, dût-on, au bout du compte, remplacer le *muthos* par une *theologia* épurée, comme c'est le cas en *Rép.* II.

5. *Lois* IV, 713 c-e. *Cf.* P. Vidal-Naquet, « Le mythe platonicien du *Politique*, les ambiguïtés de l'âge d'or et de l'histoire », *Le Chasseur noir*, Paris, Maspéro, 1983[2], p. 361-380 (= analyse des variantes du thème dans le *Politique*, le *Timée*, le *Critias* et les *Lois*).

6. Cf. *Soph.*, entre autres textes, pour cette condamnation thématique.

7. A. Badiou, *op. cit.*, p. 65.

part, que Platon cède sur le non-savoir socratique, c'est-à-dire sur la tension tenant *ouvert* l'écart entre le désir philosophique de savoir (la question *ti esti*) et la vérité. Aussi n'est-ce nullement par hasard que le Socrate si loquace du *Phèdre*, du *Banquet* et de la *République* se tait dans *Le politique* et n'est même plus présent dans les *Lois* : c'est que l'onto-praxo-théologie est un parricide.

Espérons que de ces longs détours l'Étranger du *Politique* de Platon dirait qu'ils étaient justifiés par la question du paradoxe de la *mimèsis* et de la métaphore chez Aristote, et qu'ils nous ont peut-être rendus « plus inventifs » (*heuretikôteroi*)[1]. Affrontons maintenant directement ce paradoxe.

Qu'est-ce qu'un poète ? À cette question Aristote répond, comme on le sait, qu'un poète épique ou tragique est un « faiseur de fables (*poiètès tôn muthôn*) », ou, selon la traduction proposée par Paul Ricœur, un « compositeur d'intrigues »[2]. Pour Aristote, l'art poétique est en effet un « art de composer des intrigues »[3], et l'intrigue, le *muthos*, n'est elle-même rien d'autre que « l'agencement en système des choses en question (*sunthèsis tôn pragmatôn*) »[4].

Concernant, à présent, ces « choses en question », ces *pragmata* qui sont l'objet de la poésie épique ou tragique, on sait également qu'Aristote, libérant le poète de la censure morale imposée par Platon – imposée surtout par le concept platonicien de la *mimèsis* comme *imitation* de la reproduction sensible d'un modèle eidétique, c'est-à-dire comme « troisième degré de la vérité »[5] –, ne met pas au premier plan le « caractère » des personnages, leur *èthos*, mais « l'action », la *praxis*. Ce n'est certes pas à dire qu'il rompe ainsi tout lien entre la poétique et

1. Platon, *Pol.* 286 e 2 (voir l'ensemble 286 c 5-287 b 2).

2. *Poet.* 9, 1451 b 27. *Cf.* P. Ricœur, *Temps et Récit, I. L'intrigue et le récit historique*, Paris, Seuil, 1983, p. 75. *Muthos* est traduit par « fable » dans J. Hardy, *Aristote, Poétique*, Paris, Les Belles Lettres, 1932, et par « histoire » dans R. Dupont-Roc et J. Lallot, *Aristote. La Poétique*, Paris, Seuil, 1980. La « mise en intrigue » chère à P. Ricœur dérive du concept d'*emplotment* utilisé dans l'*Anatomie de la critique* de Northrop Frye ; P. Ricœur entend ainsi insister sur le caractère *dynamique* du *muthos*, sur sa *construction* littéraire et sur l'identité de structure entre l'historiographie (*history*) et le récit de fiction (*story*), *cf.* P. Ricœur, *op. cit.*, p. 17-19, 68-79.

3. *Poet.* 1, 1447 a 9.

4. *Ibid.*, 6, 1450 a 5.

5. Cf. *Rép.* X, 596 a-597 b.

l'éthique, puisqu'au contraire le concept de *praxis* provient de ce dernier domaine. Toutefois, la prépondérance de la *praxis* sur l'*èthos* implique que, selon Aristote, le poète n'effectue pas la représentation scénique, ou même seulement littéraire (dans le cas de l'épopée), d'un modèle de comportement humain archétypique issu de l'éthique du Bien et, en dernier ressort, de l'eidétique du Bien comme *to ekphanestaton*. Le poète aristotélicien ne donne pas essentiellement à voir des « héros positifs ». L'affaire de la poésie tragique, le *pragma* qu'elle agence selon sa *tekhnè* propre, donc l'objet de l'intrigue, ce sont des *praxeis* : « il s'agit avant tout d'une *mimèsis praxeôs* et, par là seulement, d'hommes agissant. »[1]

Mais, que veut dire *mimèsis praxeôs?* Il n'est pas inutile, pour démêler cette question, de rappeler qu'Aristote conçoit la *praxis*, tout d'abord comme un *mode d'être*, et ensuite comme un mode d'être ayant en lui-même sa propre fin[2]. L'action tragique n'est donc pas réductible à un « faire » quelconque, à un *agere* (ce serait alors en fait une *poièsis*); elle est la tournure, le cerne d'un mode d'être *bien fini* comportant en lui-même son *telos*. Samuel Beckett s'est peut-être souvenu de ceci en écrivant, dès les premiers mots de *Fin de partie*, cette formule frappante : « Fini, c'est fini... » C'est qu'en effet, lorsque commencent l'épopée ou la tragédie grecques, tous les épisodes, tous les faits relevant de la *poièsis* ont déjà eu lieu. En un sens, tout est déjà *fini*. Ce que le poète va donc *construire*, c'est, pour une part, le cerne praxique donnant à ces faits leur intelligibilité universelle, et, pour une autre part, mais secondairement seulement selon Aristote, la figure unitaire du « caractère » qui leur donne leur intelligibilité singulière.

Un caractère, un *èthos* peut être représenté sur scène, il peut être *imité* d'un modèle réel ou fictif; il peut même être imité en incluant à l'imitation une distorsion en meilleur ou en pire. Mais une *praxis* se laisse-t-elle imiter ou re-présenter? En toute rigueur non, car c'est un mode d'être, et un mode d'être est un *irréel*. Un mode d'être est le cerne ontologique irréel de possibilités ontiques réelles. Dès lors, la *praxis* ne peut pas être imitée ou re-présentée, tout simplement parce que le modèle subsistant, l'archétype, fait défaut. C'est pourquoi *mimèsis praxeôs* ne peut pas vouloir dire, chez Aristote, « imitation des actions » ou

1. *Poet.* 6, 1450 b3-4. *Cf.* 1449 b 6-1450 a 1.
2. Cf. *Eth. Nic.* VI, 5, 1140 b 6 *sq.*

« re-présentation des actions ». On s'en convaincra *a contrario* en rappelant que la *mimèsis*-imitation platonicienne procède, elle, d'Idées qui sont *la réalité-même*, qui sont l'*ontôs on* ou le « type » (*tupos*), la « frappe » première du réel – faute de quoi, avoue Socrate, la constitution idéale de la *République* ne serait guère qu'une « vaine chimère » [1].

Ainsi, irréelle par essence, la *praxis* ne se laisse pas le moins du monde re-présenter. Quel sens donner alors à *mimèsis* ? Très précisément, celui que ce concept a dans la célèbre formule du chapitre II, 8 de la *Physique* : « L'art conduit à son achèvement ce que la nature ne peut œuvrer, ou bien il présentifie (*mimeitai*) la nature. » [2] L'artiste, en effet, *mimeitai*, « présentifie », au sens où l'art du sculpteur, par exemple, déploie dans sa pleine présence achevée la nature du marbre, ou encore, au sens où, dans cet artifice construit avec soin qu'est la statue, le marbre atteint *mieux* son entéléchie que dans la falaise de marbre naturelle et est ainsi mis en mouvement vers lui-même, puisque « le mouvement est l'entéléchie du <mobile> en puissance en tant que tel » [3]. Cette structure de suppléance est proprement *métaphorique* : la *mimèsis* artistique est par essence un « transport », une *epiphora*, un passage à une autre scène : la scène paradoxale de la présentification *originaire*. Aussi bien, le transport ne *trans*-porte-t-il rien, il donne plutôt le *port*, la tenue. C'est donc une figure paradoxale de l'achèvement du sens par et dans l'écart de sens.

Cela ne va évidemment pas sans une rigoureuse construction ou institution du sens. Nous ne reviendrons pas ici sur le détail des analyses extrêmement convaincantes de Paul Ricœur. Ces analyses conduisent à penser « l'action » dont il est question dans la formule *mimèsis praxeôs* « comme le *corrélat* de l'activité mimétique », comme « le "construit" de la construction en quoi consiste <la *mimèsis*> » [4]. C'est dire que la *praxis* ne préexiste pas à la *mimèsis* poétique comme le ferait un modèle

1. *Rép.* VI, 499 c.

2. *Phys.* II, 8, 199 a 15-17. Pour la traduction par « présentifier », on se reportera à E. Martineau, « *Mimèsis* dans la *Poétique* : pour une solution phénoménologique », *Revue de métaphysique et de morale*, 1976-4, 438-466.

3. *Phys.* III, 1, 201 a 10-11.

4. P. Ricœur, *op. cit.*, p. 72-73. Pages auxquelles il faut joindre la n. 1 p. 70 sur « le caractère de *procès* » actif de la *mimèsis*, et les remarques de la p. 98 sur la « structuration » narrative effectuée par le poète (ce terme étant préféré à celui de « structure », qui tend à enfermer le récit dans un *achronisme* de type structuraliste).

ontique. Ce qui préexiste, en revanche, ce sont des faits, des épisodes et des hommes – tout ce qui constitue, si l'on veut, le matériau « naturel » sur lequel œuvre le poète. Quant au mode d'être qui donne consistance ontologique à ce donné, il demeure de lui-même inapparent, selon le mode cryptophilique propre à la nature (c'est-à-dire à l'être). L'art du poète est de le *présentifier* en une *praxis* grâce à la construction de l'intrigue, en le portant ainsi à son entéléchie, en le faisant être en *energeia* dans son ipséité propre.

Aussi ne faut-il pas s'y tromper : lorsqu'Aristote écrit que « la tragédie est une *mimèsis* d'hommes meilleurs que nous », et que le bon poète doit, comme le bon peintre portraitiste, montrer « les hommes en plus beau (*kallious*) » bien qu'il les fasse aussi « semblables (*homoious*) »[1], il ne s'agit nullement pour lui d'évoquer une quelconque amélioration sur fond d'imitation – sinon, comme Emmanuel Martineau s'en est justement avisé, « il y aurait contradiction littérale avec *homoious*, et l'homme serait à la fois supérieur et égal à lui-même au point de vue de la ressemblance »[2]. *Kallious* signifie, comme on le voit en 1454 b 13, *epieikes* : « remarquables », « comme il convient »[3] ; et tout devient beaucoup plus clair lorsqu'on se souvient que *epieikeia* est un mot de la famille d'*eikon*, d'où il suit que « la "convenance" visée par Aristote est de l'ordre de la présence iconique et ne dépend d'aucune critériologie de la relation à un modèle »[4]. Ce qui convient, *ce qu'il faut* (d'un impératif relevant strictement de l'institution artistique de la *mimèsis*), c'est ce qui pallie la cryptophilie du matériau donné, ce qui pallie le défaut de sens prédonné avec les faits et les hommes. En somme, ce qu'il faut, et qu'il est « remarquable » que le poète accomplisse par voie de *mimèsis*, c'est la présentification de la vérité ontologique de tout le divers qui a eu lieu, et ce, hors de tout rapport à un modèle original.

Quel rôle jouera ici la *katharsis* (que l'on interprète habituellement comme une « purgation » des passions) ? Il est relativement aisé de le voir

1. *Poet.* 15, 1454 b 8-11. Nous suivons dans ce qui suit les leçons de l'excellente analyse d'E. Martineau, art. cit.

2. Art. cit., p. 443.

3. *Poet.* 15, 1454 b 11-13 : « Il faut que le poète lui aussi (...) les fasse remarquables (*epieikes*), bien qu'ils soient <représentés> tels quels. »

4. E. Martineau, art. cit., p. 443.

à présent. Disons en premier lieu qu'elle est elle aussi *construite* dans l'œuvre poétique, cela ne fait aucun doute : « la réponse émotionnelle du spectateur est construite dans le drame », elle est « opérée par l'intrigue elle-même », a rappelé Paul Ricœur[1]. Le pitoyable et l'effroyable, poétiquement institués, n'en doivent pas moins se prêter à un *transport* de type métaphorique dans le spectateur. La *katharsis* doit donc rendre ce transport émotionnel possible. Comment le peut-elle ? À cette question on répondra ainsi : elle le peut parce qu'elle nous livre, à nous spectateurs, le cerne bien tracé d'une *épure* des émotions. Si la contemplation de cette épure des passions, qui est le véritable nom de la *katharsis*, éveille en nous la « reconnaissance », ce n'est pas (comme on le croit trop souvent) affaire de purgation ou de purification, mais c'est plutôt affaire de *justesse* dans l'évocation poétique du *pathos* frappant les héros tragiques : lorsque la vérité pratique est métaphoriquement présentifiée sur scène par la *mimèsis* poétique, lorsque l'*energeia* d'un mode d'être fini est ainsi donnée à voir, alors le *pathos* affectant les héros dans l'épreuve atteint lui aussi à *l'épure du paraître*.

En effet, la violence de la *peripeteia*[2] et du *pathos* sollicite directement l'*être*, et c'est d'ailleurs pourquoi la faute tragique est insue ; en ce sens, le *pathos* tragique est toujours une épure de l'épreuve existentielle qui est *la nôtre*, et que nous « reconnaissons » du même coup comme telle. Mais nous ne le pouvons que parce que la *mimèsis praxeôs* a d'emblée planté sur scène le site métaphorique de notre être-homme le plus décisif et, par nécessité ontologique, le plus inapparent. Nous ne le pouvons que parce qu'elle a présentifié l'*energeia* pratique du vivre humain en maintenant *ouvert* l'écart entre le sens « reconnu » et la vérité présentée. Cette ouverture, en quoi consiste du côté du spectateur l'opération cathartique-métaphorique, est donc *instituée par* la présentification mimétique originaire, c'est-à-dire par une première métaphore donnant leur tenue d'ensemble, leur tournure ontologique, aux faits et gestes ayant eu lieu. Par là, nous en venons au dernier volet de cette étude, qui traitera de la métaphore elle-même.

1. *Op. cit.*, p. 87. *Cf.* aussi p. 102, n. 1 p. 91 (thèse de J. Redfield sur la *katharsis*), et n. 1 p. 92 (thèse de G. Else).

2. *Poet.* 11, 1452 a 22-29.

Du point de vue strictement rhétorique, la métaphore est définie par Aristote comme « transport à une chose d'un nom autre, transport ou du genre à l'espèce, ou de l'espèce au genre, ou de l'espèce à l'espèce, ou selon le rapport d'analogie »[1]. Par ailleurs, lorsque la rhétorique n'est pas purement et simplement artificieuse, comme l'est celle des Sophistes, lorsqu'elle n'entraîne pas l'auditeur « hors de l'affaire en question »[2], elle utilise (en toute légitimité, aux yeux d'Aristote) « les moyens de persuader que comporte chaque chose »[3]. Dans ce but, le poète et le rhéteur devront tendre à fournir à leurs auditeurs une connaissance *claire* tout d'abord, *aisée* à acquérir ensuite, et enfin *nouvelle*, c'est-à-dire non banale. Telles sont les trois conditions *sine qua non* de la persuasion. Ces conditions impliquent assurément une *tekhnè* soignée et un usage judicieux d'un langage allant quand il le faut « contre l'usage courant (*parạ to kurion*) » sans verser pour autant dans « l'énigme ou le barbarisme »[4]. Or, précise Aristote dans sa *Rhétorique*, « la clarté, l'agrément et la rareté sont surtout des vertus de la métaphore »[5]. C'est donc par cette dernière qu'on atteint à « l'excellence du discours rhétorique »[6].

Nous retrouvons ici, on l'aura remarqué, le paradoxe que nous avions signalé au début de cette étude : le poète ou le rhéteur qui maîtrise bien son art porte, par la métaphore, la capacité signifiante du langage humain, sa puissance propre de *logos sèmantikos*, à sa plénitude – plénitude qui, toujours, se dit, dans la langue technique d'Aristote, *energeia*. Le paradoxe est évidemment que ceci puisse avoir lieu dans et par l'écart de sens métaphorique et non, comme on s'y attendrait, selon l'attribution catégoriale apophantique[7]. Examinons donc plus avant la conjonction que nous venons de rencontrer entre métaphore et *energeia*.

1. *Ibid.*, 21, 1457 b 6-9.

2. *Rhet.* I, 1, 1354 a 15-16.

3. *Ibid.*, 1355 b 10-11.

4. Cf. *Poet.* 22, 1458 a 22-25.

5. *Rhet.* III, 2, 1405 a 8.

6. *Ibid.*, 1404 b 7. En poésie, sont également admis les néologismes, cf. *Poet.* 22, 1458 b 4 *sq.*

7. On peut aiguiser le paradoxe en rappelant cette formule de *Metaph.* Γ, 4, 1006 b 9-11 : « On ne peut pas penser si on ne pense pas une chose unique, et, si on le peut, un seul nom pourra être assigné à cette chose. » La métaphore transgresse évidemment ce principe d'univocité nominale.

Lorsqu'il analyse l'apport des métaphores, Aristote évoque, au chapitre III, 10 de la *Rhétorique*, les « sentences pertinentes (*ta asteia*) ». Il remarque que ces sentences, comme les proverbes et les hyperboles réputées, sont en fait des métaphores satisfaisant rapidement et agréablement notre désir naturel d'apprendre[1], car, ainsi que nous l'avons dit, elles « font image » ou « donnent à voir ». Un exemple est alors proposé pour faire mieux comprendre de quoi il s'agit exactement. Cet exemple est le suivant :

> Je dis qu'elles [les sentences pertinentes] donnent à voir (*pro ommatôn poiein*) quand elles signifient selon l'*energeia* (*energounta sèmainei*) : par exemple, dire que l'homme vertueux est « carré » (*tetragônon*), c'est une métaphore car les deux sont parfaits, seulement, cela ne signifie pas l'*energeia*. Mais <dire> « en pleine fleur et à son acmé », c'est l'*energeia*[2].

La première métaphore, « le vertueux est carré », que l'on pourrait développer (en l'affaiblissant) en une comparaison de la forme « l'homme vertueux est parfait comme le carré », peut être classée sous le titre des métaphores selon l'analogie : l'homme vertueux est à la perfection morale ce que le carré est à la perfection géométrique. Le poète, Simonide en l'occurrence[3], nous donne ainsi une « connaissance par le genre », bien que *stricto sensu* il n'y ait évidemment aucun genre commun à l'homme et au carré. La sortie (en principe illicite) hors du genre, la *metabasis*, est donc patente, comme l'est par ailleurs la « véhémence ontologique » – pour reprendre la belle formule de Paul Ricœur – par laquelle l'*être-comme*, qui « signifie être *et* ne pas être »[4], finit par produire du sens sans se soumettre au principe logique de non-contradiction et par révéler effectivement quelque chose de l'être de l'homme vertueux, quelque chose de l'ordre de sa *carrure existentielle*. Mais ce

1. Cf. *Rhet.* III, 10, 1410 b 6-14, et 1413 a 17-b 2 sur les proverbes et les hyperboles.

2. *Rhet.* III, 11, 1411 b 24-28.

3. Simonide de Céos, cité également par Platon (cf. *infra*), le sera encore par Cicéron, *de Oratore* II, 86 en tant que père de « l'art de la mémoire ». Sur la question de la mnémotechnique comme « rhétorique restreinte » (la formule est de G. Genette), voir Quintilien, *Institutio oratoria* XI, 2; Fr. A. Yates, *L'Art de la mémoire*, Paris, Gallimard, 1975; G. Genette, « Rhétorique restreinte », *Communications* 16, 1970, 158-171; P. Ricœur, *La Métaphore vive*, Paris, Seuil, 1975, p. 63-86.

4. P. Ricœur, *La Métaphore vive, op. cit.*, p. 388.

n'est pas encore la pointe la plus aiguë de la métaphore, nous dit Aristote, car l'*energeia* n'a pas été donnée à voir. Voilà le mystère persistant.

Rappelons qu'Aristote lui-même a, après Platon[1], utilisé cette métaphore dans l'*Éthique à Nicomaque*[2]. Le contexte se rapporte à la précaire stabilité du bonheur compte-tenu des contingences de l'existence humaine : faudra-t-il, selon la « sentence » réputée de Solon, attendre la fin d'une vie pour pouvoir décider si elle *fut* ou non heureuse ?[3]. À ce stade préliminaire de la construction de son *Éthique*, Aristote avance seulement que le bonheur le plus stable, donc le plus durable, semble être celui de l'homme vertueux qui

> supportera les coups du sort avec la plus grande dignité et un sens en tout point parfait de la mesure, si du moins il est véritablement homme de bien et carré (*tetragônon*). Mais nombreux sont les accidents de la fortune [...][4].

On voit, d'après la restriction finale, que la métaphore du carré ne peut rendre clairement la *pleine présence* du bonheur du vertueux, qu'elle ne le dévoile pas en tant que bonheur-en-acte, si l'on peut dire, qu'elle ne le présente pas lui-même en vérité.

En revanche, et nous en arrivons à la seconde métaphore dont Aristote a écrit qu'elle signifie l'*energeia*, lorsqu'à la fin de l'*Éthique à Nicomaque* est reprise la question du bonheur – ou, plus exactement, celle du plaisir, mais la vie vertueuse est « par elle-même un plaisir »[5] – Aristote établit que « le plaisir est l'achèvement de l'*energeia* »[6]. Ceci signifie, précise-t-il, que le plaisir ne se gagne pas peu à peu au fil du temps, *en khronôi,* mais, tout au contraire, qu'il s'accomplit pleinement dans l'instant propice au bonheur, *en tôi nun* :

1. Voir Platon, *Prot.* 339 b 1-3.

2. *Eth. Nic.* I, 11, 1100 b 17-22.

3. Le mot de Solon est-il « pertinent » ? En anticipant sur ce qui suit, nous répondrons : non, si l'on entend par « fin » la mort, et si l'on demeure ainsi dans le genre des êtres mortels ; mais oui, si l'on métaphorise en prenant en vue l'*energeia* et en comprenant « fin » comme « entéléchie ».

4. *Eth. Nic.* I, 11, 1100 b 20-23.

5. *Ibid.*, I, 9, 1099 a 7.

6. *Ibid.*, X, 3, 1174 b 23.

> Tel semble bien être le plaisir, il est un tout (*holon*), et on ne saurait à aucun moment appréhender un plaisir dont la prolongation temporelle conduirait l'essence à sa perfection [1].

Pour qu'il y ait ainsi, dans l'instant, couronnement de l'*energeia* achevée en plaisir, il faut nécessairement une cor-respondance, une convenance entre les deux pôles de la rencontre heureuse – disons, entre le sujet et l'objet du plaisir, mais gardons-nous bien d'interpréter cette convenance réciproque en termes d'activité du sujet et de passivité de l'objet. L'*energeia* n'est ni active ni passive, elle est le mouvement même d'un *paraître conjoint*. Alors, et alors seulement, le plaisir advient, ajoute métaphoriquement Aristote, « comme une fin par surcroît, de même qu'aux hommes à leur acmé la fleur de la jeunesse » [2]. Voilà pourquoi la seconde métaphore, celle qui dit que « l'homme vertueux est en pleine fleur et à son acmé », institue avec art, *d'un même mouvement*, la plénitude du dire et celle de ce qui est dit : elle parle excellemment de l'excellence de l'existence humaine. Pour parler ainsi excellemment, c'est-à-dire pour porter la *dunamis* langagière en tant que telle à son entéléchie, hors de tout procédé et de toute recette rhétorique abusive, ou encore, pour *mettre ainsi excellemment la langue en mouvement*, il fallait oser transgresser l'ordre catégorial apophantique en visant bien l'*energeia*. Il fallait accomplir avec art ce transport réussi dans la langue, cette *eu-phorie* de la langue qu'est la métaphore heureuse. Cette pointe extrême de l'art des métaphores constitue proprement la *sensibilité du langage* vis-à-vis de ce qui est à dire. Et de plus, puisque la correspondance est réciproque, ce qui est à dire con-sent aussi à se laisser métaphoriquement dévoiler dans sa *singularité d'être*, transversalement au *logos* catogorial apophantique qui, jamais, il faut le rappeler pour saisir l'enjeu de ces analyses, ne peut ouvrir au savoir un accès à l'étant singulier. On peut donc très légitimement dire que la belle métaphore rend possible la connaissance de l'étant singulier en *energeia*, dans la mesure où elle représente l'*accord* entre le *logos* non catégorial en acte et la chose singulière (le phénomène) dite selon son actualité propre.

1. *Ibid.*, 1174 a 16-19. Tout le chapitre X, 3 a pour but de montrer que le plaisir est bien une telle plénitude de l'instant.

2. *Ibid.*, 1174 b 33.

Insistons, pour conclure, sur les formules que nous venons d'avancer : celles de sensibilité du *logos* et de con-sentement réciproque entre le langage et le phénomène. En poésie et en rhétorique, lorsqu'une telle convenance est ménagée par la *tekhnè* de l'auteur, lorsqu'elle est *instituée* avec art, la chose-même est présentifiée en son ipséité, c'est-à-dire en son *energeia*. Le spectateur ou l'auditeur « reconnaît », écrit Aristote, ce qui advient ainsi, et il peut dire « qu'un tel est un tel »[1]. Il y a donc bien, si l'on veut, une fonction de monstration apophantique de la *tekhnè* poétique et rhétorique, mais cette *apophansis* n'en reste pas moins paradoxale et, plus précisément, para-eidétique et trans-catégoriale. Le point essentiel est qu'elle *libère* par là même la vérité propre d'un paraître singulier de sa prise par l'eidétique. Aussi la formule aristotélicienne *pro ommatôn poiein*, « mettre sous les yeux », nous renvoie-t-elle en toute logique, dans sa formulation même, au champ du sensible délaissé par l'eidétique.

Pour dire l'écart où savoir et vérité apophantique trouvent leur juste tenue réciproque nous avons évoqué la « sensibilité du langage » ; Aristote, lui, plus lapidaire et plus énigmatique, a simplement écrit dans le *de Anima : hè aisthèsis ho logos*, « la sensibilité, <c'est-à-dire> le langage »[2]... C'est, en un sens, ce que nous avons essayé de comprendre ici.

1. *Poet.* 4, 1448 b 17.
2. *De Anima* III, 2, 426 b 7.

CHAPITRE V

LE JEU CAUSAL DANS LA *POLITIQUE* D'ARISTOTE

EIDÉTIQUE ET TYPIQUE

Nous nous proposons d'examiner à présent la structure des analyses causales dans la *Politique* d'Aristote. Le choix de ce texte précis peut être justifié en rappelant, sans entrer dans le détail de l'argumentation, que l'exégèse s'accorde désormais à penser que l'ouvrage que nous connaissons sous ce titre porte bien sur des *principes* à part entière, à savoir sur les principes d'existence et d'intelligibilité des communautés politiques humaines envisagées du point de vue de leur formation et de leur essence aussi bien que du point de vue de leur capacité à durer dans le temps [1]. Or, si cet ouvrage atteint les principes du *bios politikos* et s'il n'est donc pas seulement, comme l'estimait encore Hegel, un recueil n'ayant pour objet que « la connaissance des moments internes de l'État et la description des différentes constitutions » [2], il s'ensuit qu'Aristote a nécessairement dû chercher à y mettre en évidence une structure causale explicative,

1. *Cf.* G. Bien, *Die Grundlegung der politischen Philosophie bei Aristoteles,* Freiburg-München, Alber, 1973; R. Bodéüs, *Le Philosophe et la Cité. Recherches sur les rapports entre morale et politique dans la pensée d'Aristote,* Paris, Les Belles Lettres, 1982; P. Pellegrin, « Nature, excellence, diversité. Politique et biologie chez Aristote », dans *Aristoteles' « Politik »*. Akten des XI. Symposium Aristotelicum (hgg. von G. Patzig), Göttingen, Vandenhoeck et Ruprecht, 1990, p. 124-151.

2. G. W. F. Hegel, *Leçons sur l'histoire de la philosophie,* tr. fr. P. Garniron, t. III, Paris, Vrin, 1972, p. 592.

puisque, comme on le sait, les principes de ce qui est sont aussi pour lui les causes du savoir de ce qui est[1].

Cela étant, l'analyse du jeu causal dans la *Politique* conduit à interroger la méthode adoptée par le Philosophe dans son enquête sur les principes. Nous nous demanderons donc si la recherche des causes dans le domaine dit des « choses humaines » (*ta anthrôpeia* ou *ta anthrôpina pragmata*), c'est-à-dire dans le domaine de la *praxis,* présente une spécificité méthodologique. Notre question consistera principalement à savoir *comment,* dans la philosophie d'Aristote, l'objet politique se laisse déterminer et se laisse comprendre par ses causes. À cet égard il y aura lieu de distinguer l'analyse du jeu causal dans la formation des cités de l'analyse de ce même jeu lors des bouleversements affectant ces cités. La deuxième et la troisième partie de l'étude seront consacrées à ces deux versants de l'analyse causale, que nous nommerons respectivement une « eidétique » et une « typique », après avoir esquissé, dans une première partie, le cadre général dans lequel vient s'inscrire la connaissance des causes chez Aristote.

I. Connaissances et causes dans l'aristotélisme

Aristote relie toujours la connaissance (*epistèmè*) à la découverte d'une structure causale opérant à l'intérieur d'un certain genre d'étant. Cela ne veut toutefois pas dire qu'il ne reconnaîtrait et ne tiendrait pour authentique qu'*un seul mode* du savoir portant sur les causes, et que ce mode serait l'*epistèmè theôrètikè.* De plus, évoquer comme nous venons de le faire une structure causale « opérant » à l'intérieur d'un genre ne signifie pas non plus qu'Aristote aurait recours dans ses explications à une conception techniciste de la cause, c'est-à-dire à une causalité

1. Voir sur ce point le passage bien connu de *Metaph.* Δ, 1, 1013 a 14-17 : « Le point de départ de la connaissance d'une chose est aussi nommé le principe de cette chose (*arkhè legetai tou pragmatos*) [...]. Les causes se prennent en autant d'acceptions que les principes, car toutes les causes sont des principes (*panta gar ta aitia arkhai*). » Sur le rapport entre scientificité, causes et principes, *cf.* J. Moreau, « *Archè* et *aitia* chez Aristote », dans *L'Attualità della problematica aristotelica* (Atti del Convegno di Padova, 1967), Padova, 1970, p. 133-152 ; A. Stevens, *L'Ontologie d'Aristote. Au carrefour du logique et du réel,* Paris, Vrin, 2000, p. 36-41 ; L. Couloubaritsis, « Causalité et scientificité dans la *Métaphysique* d'Aristote », dans *Κῆποι.* Mélanges offerts à André Motte, Liège, Centre International d'Étude de la Religion Grecque Antique, 2001, p. 213-226.

productrice d'effets, selon un modèle anthropocentrique étendu à l'univers entier[1]. Il faut par conséquent clarifier ces deux points et préciser ce que l'on doit comprendre par *epistèmè* et par *aition.*

Une brève remarque est encore requise en préalable pour dire que, puisque les structures causales opèrent nécessairement au sein d'un genre d'étant, l'*epistèmè* ne peut, dans l'aristotélisme, qu'être régionale. La *metabasis eis allo genos* se voyant ainsi interdite[2], et la possibilité d'une science ontologique générale portant sur l'étant en tant qu'étant (*to on hèi on*) s'en trouvant compromise, Aristote a dû forger dans la *Métaphysique* la doctrine si particulière du *pros hen legomenon,* afin de ménager la possibilité d'une connaissance ontologique dont l'objet, l'être, soit paradoxalement non générique mais aussi – et surtout car cela sauve la connaissance – non homonymique[3].

Mais pour ce qui va suivre il suffira de nous en tenir aux savoirs régionaux dont l'objet est effectivement circonscrit par un genre. Tel est le cas des actions humaines, puisqu'elles ressortissent d'un domaine précis, celui de la *praxis,* et puisqu'Aristote considère que ce domaine possède ses principes propres – ce qui signifie, pour reprendre une formule de Pierre Pellegrin dans l'Introduction à sa traduction de la *Politique,* que pour notre philosophe « les réalités éthiques et politiques n'ont pas à trouver hors d'elles-mêmes d'explications »[4]. Venons-en maintenant à la clarification des notions d'*aition* et d'*epistèmè.*

1. Cf. *a contrario* O. Hamelin, *Le Système d'Aristote,* Paris, Alcan, 1920 (cours de 1904-1905 à l'E.N.S., publié par L. Robin), 15e Leçon, p. 260-279, qui évoque le jeu des causes comme « effet » d'un déterminisme, et même de deux déterminismes fondamentaux : celui de la forme et celui de la matière. L'auteur va jusqu'à reprocher à Aristote de ne pas avoir été assez mécaniste dans sa conception de la causalité, même si, ajoute-t-il, « il y a dans Aristote, au sujet de la cause motrice, un certain nombre de textes où on le voit approcher assez près de la notion de cause proprement dite ou mécanique, notion déjà dégagée en partie par Démocrite » (p. 271) !

2. Cf. *An. Post.* I, 7 ; I, 28 ; *Metaph.* I, 7, 1057 a 26-27.

3. *Cf.* sur ce point central P. Aubenque, *Le Problème de l'être chez Aristote,* Paris, P.U.F., 1962, Ire Partie, chap. 2, p. 94-250 ; L. Couloubaritsis, *Aux origines de la philosophie européenne. De la pensée archaïque au néoplatonisme,* Bruxelles, De Boeck, 1992, chap. VI, § 5, p. 459-491 ; A. Stevens, *op. cit.*, chap. III, p. 61-156 ; W. Lezsl, *Aristotle's Conception of Ontology,* Padova, Antenore, 1975, *passim.*

4. P. Pellegrin, *Aristote. Les politiques,* traduction inédite, introduction, bibliographie, notes et index, Paris, GF-Flammarion, 1990, p. 23 ; voir en outre G. Bien, *op. cit.*, IIe Partie, chap. VI-X.

En premier lieu, dire qu'une cause opère, ce n'est pas soutenir qu'elle produit un effet. La critique des Modernes, depuis Bacon, à l'encontre de la théorie aristotélicienne des causes n'est par conséquent qu'une suite de malentendus sur l'idée de cause elle-même. Des interprètes aussi différents que Grégory Vlastos, dans une étude novatrice consacrée au *Phédon* de Platon, ou Martin Heidegger, dans son analyse de «La question de la technique» [1], ont rendu justice au sens grec de l'*aition* qui, comme Jacques Follon l'a également rappelé [2] signifiait, «selon l'excellente définition de Platon, tout "ce en vertu de quoi une chose vient à l'existence"» – c'est-à-dire, dans les termes mêmes du *Cratyle* (413 a 3-5) auquel il est ici fait référence, *di' ho gar gignetai, tout' esti to aition – kai 'Dia' kalein ephè tis touto orthôs ekhein dia tauta.*

Cette définition platonicienne est centrée sur un jeu de mot autour du terme *dia,* qui est répété trois fois, et on pourrait la traduire ainsi: «la cause, c'est en effet ce pourquoi quelque chose vient à l'être – et c'est pourquoi on m'a dit qu'il était bon de l'appeler le "Pourquoi"». On voit qu'une telle conception de l'*aition* ne fait pas référence à la causalité productrice. Elle signifie plutôt que, dans l'horizon de pensée grec, une cause est conçue comme ce qui *répond* à sa façon d'un état de choses qu'elle ne produit pas, mais dont elle permet de rendre compte sous un certain aspect. C'est la raison pour laquelle Vlastos a proposé de comprendre *to dia ti* au sens de *the because,* c'est-à-dire comme ce qui répond à la question «pourquoi?» et qui explique par là même le fait examiné (*to hoti*) [3]. Ces précisions auront leur importance lorsque nous examinerons le statut de la causalité finale dans la *Politique* et son rapport à la causalité efficiente. Il est en effet bien clair que, si l'on conçoit toutes les formes de la causalité sous la forme générale d'un

1. Respectivement, G. Vlastos, «Reasons and Causes in the *Phaedo*», *The Philosophical Review,* LXXVIII, 1969-3, 291-325; M. Heidegger, «La question de la technique», *Essais et conférences,* tr. fr. A. Préau, Paris, Gallimard, 1958, p. 9-48 (en particulier p. 12-17). *Cf.* aussi M. Hocutt, «Aristotle's Four Becauses», *Philosophy,* XLIX, 1974, 385-399.

2. J. Follon, «Réflexions sur la théorie aristotélicienne des quatre causes», *Revue Philosophique de Louvain,* LXXXVI, août 1988, 317-353 (ici p. 328). On consultera avec profit l'étude de M. L. Gill, «Aristotle's Theory of Causal Action in Physics», *Phronesis,* XXV, 1980, 129-147.

3. *Cf.* G. Vlastos, art. cit., *passim*; M. Hocutt, art. cit., p. 385-387.

« faire » producteur, la nature qui « fait » de l'homme un *zôon politikon* apparaîtra, à la lecture du livre I de la *Politique,* comme un pur et simple *deus ex machina* fictif... Quant à la causalité formelle exercée par la « constitution » (*politeia*), sur laquelle Aristote insiste fortement au livre III, elle ne manquera pas d'apparaître comme une cause « productrice » aussi abstraite que stérile. Elle évoquera, par exemple, l'idée que s'en faisait Léon Robin (dans l'article classique qu'il a consacré en 1909 à la « conception aristotélicienne de la causalité ») lorsqu'il marquait sa réserve vis-à-vis de « cette conception toute logique et analytique de la causalité » qu'Aristote aurait formalisée abstraitement en syllogismes [1].

La seconde clarification générale porte sur la notion d'*epistèmè,* dont il n'est pas exagéré de soutenir que sa compréhension conditionne dans une très large mesure l'entente de l'aristotélisme tout entier et de sa situation par rapport au platonisme. Nous avons rappelé que, pour Aristote, savoir c'est connaître une structure causale. Ainsi se constituent des savoirs régionaux tels que l'*epistèmè mathèmatikè,* l'*epistèmè phusikè,* l'*epistèmè èthikè* ou encore *politikè.* Ce serait une erreur de penser de manière univoque l'*epistèmè* en la concevant comme une connaissance théorique des causes. On alignerait par là l'aristotélisme sur le platonisme en méconnaissant ce fait essentiel, sur lequel Günther Bien a insisté dans son étude importante de 1973, qui est que « *la* philosophie pratique (en tant que politique) en général a trouvé chez Aristote sa toute première fondation » [2]. Car, si Aristote peut effectivement fonder la philosophie pratique en tant que telle, c'est parce qu'il reconnaît à la *praxis* humaine sa pleine autonomie au titre d'expression à part entière d'une forme de rationalité, et donc d'une forme de *logos* et d'*alètheia,*

1. « Sur la conception aristotélicienne de la causalité » (1909-1910), repris dans L. Robin, *La Pensée hellénique des origines à Épicure,* Paris, P.U.F., (1941), 1967[2], p. 423-485 (ici p. 438). Rappelons que L. Robin estimait, en s'appuyant sur *Metaph.* Z, 9, 1034 a 31-32, qu'Aristote avait conçu le syllogisme causal par le truchement d'une simple analogie avec la production technique (le passage de Z, 9 en question est le suivant : « Le principe de toute production c'est, comme dans les syllogismes, l'essence formelle, car c'est bien de l'essence que partent les syllogismes, et c'est d'elle aussi que partent les productions »). Cette interprétation se retrouvera chez L. Brunschvicg, *L'Expérience humaine et la causalité physique,* Paris, P.U.F., (1922), 1949[3], IIe Partie, livre VI, p. 131-153, ainsi que chez J.-M. Le Blond, *Logique et méthode chez Aristote,* Paris, Vrin, 1939, p. 73-106 (*cf.*, p. 93-94).

2. *Op. cit.*, chap. I, p. 11. *Cf.* en outre R. Bodéüs, *op. cit.*, p. 78-93 ; P. Rodrigo, *Aristote et les "choses humaines"*, Bruxelles, Ousia, 1998, p. 13-65 et *supra*, chap. I.

hors de la juridiction de la *theôria*. Pour le dire autrement, l'*epistèmè praktikè* aristotélicienne, qui est le mode générique de la connaissance éthique et politique, ne désigne pas la connaissance théorique qu'un philosophe appliquerait *sur* le domaine des actions humaines[1]; elle représente au contraire une *connaissance pratique* au sens le plus fort de la connaissance, et donc un dévoilement *pratique* du jeu causal au sein des actions humaines. Cette *epistèmè* n'est rien d'autre, rien de plus mais rien de moins, que l'intelligence ou la compréhension que l'homme agissant bien, l'homme prudent ou le bon nomothète, a de *sa* situation pratique. Aussi n'est-elle pas une spéculation philosophique normativement appliquée à la *praxis,* mais plutôt ce qu'on peut appeler, en reprenant la formulation judicieuse proposée par Harold H. Joachim, une « pensée immergée dans l'action (*a thought merged in doing or acting*) »[2].

Lorsqu'on tient compte d'une telle détermination de la connaissance pratique – comme il faut le faire pour rendre justice à la pensée d'Aristote –, on est conduit à admettre qu'il existe une connaissance pratique des causes qui n'est pas une application de la connaissance théorique. C'est donc que l'homme prudent et le bon nomothète agissent bien lorsqu'ils agissent *en connaissance pratique de cause,* si l'on nous permet de le formuler ainsi, et que le dévoilement pratique de la vérité – ou, pour le dire au plus près des formules d'Aristote, le dévoilement de l'*alètheia praktikè* évoquée au livre VI de l'*Éthique à Nicomaque* – n'est pas une mise en pratique de la *theôria,* tout en étant une connaissance réelle. Richard Bodéüs a fort bien montré comment la question du rapport entre philosophie et politique s'en trouve reformulée et aiguisée jusqu'au paradoxe :

> Pour Aristote, le politique, dans la situation qui est la sienne, ne cherche pas à savoir ce que lui enseigne le philosophe, mais ce qu'il doit faire pour satisfaire le mieux aux exigences de sa situation. (…) On voit donc le problème : le philosophe s'adresse au politique dans un discours qu'il espère utile pour ce dernier, mais qui ne lui indique pas ce qu'il cherche à

1. C'est néanmoins le point de vue que semble encore défendre E. Berti, « *Phronèsis* et science politique », dans *Aristote politique. Études sur la* Politique *d'Aristote,* P. Aubenque (éd.), Paris, P.U.F., 1993, p. 447-449.

2. H. H. Joachim, *Aristotle. The Nicomachean Ethics.* A Commentary by the late H. H. Joachim, ed. by D. A. Rees, Oxford, Clarendon Press, 1951, p. 14 (*cf.,* p. 13-16) ; et R. Bodéüs, *op. cit.*, p. 47-48 et p. 57-59.

> savoir. Il lui parle du mieux dans l'absolu, mais lui laisse comprendre que cet absolu n'est probablement pas ce qu'il doit poursuivre là où il se trouve, comme étant le mieux ![1]

Il est donc bien établi qu'Aristote ne revendique en aucun cas pour le philosophe une connaissance pratique des causes, et que, lorsqu'il professe son *Éthique* et sa *Politique,* il met lui-même en œuvre une *epistèmè* qui ne peut être que *theôrètikè,* puisque sa recherche constitue toujours une théorie. Pour ce qui touche à la connaissance du jeu causal dans la *Politique,* il est dès lors essentiel de ne pas confondre les deux niveaux du savoir théorique et du savoir pratique, et de reconnaître que la connaissance pratique de la vérité pratique (si l'on nous autorise cette redondance) en est une *à part entière.* Cette position interprétative est la seule qui puisse peut-être permettre de clore les interminables débats autour de la part d'idéalisme platonicien et de réalisme empirique chez Aristote puisque, comme Pierre Aubenque l'a clairement vu,

> Parler de l'empirisme ou de l'intellectualisme d'Aristote, de sa propension plus ou moins grande pour la théorie ou pour une pratique immédiatement appuyée sur l'expérience, n'a aucun sens et ne peut mener à rien, tant que l'on ne s'est pas demandé pourquoi Aristote fait dépendre la vertu du savoir et, si oui, *de quel savoir*[2].

Par conséquent, rien n'empêche de poser en principe absolu de la philosophie aristotélicienne, considérée dans toute son extension, l'affirmation de *Metaph.* α, 1, 993 b 23-24, selon laquelle « nous ne connaissons pas le vrai sans connaître la cause (*ouk ismen de to alèthes aneu tès aitias*) », mais c'est à la condition de prendre l'*epistèmè,* la vérité et même le « nous » impliqué dans la connaissance, comme des *pollakhôs legomena...* Cette condition est requise par l'autonomie de la *praxis* par rapport à la *theôria,* qui est aussi celle, éminemment aristotélicienne, de la *phronèsis* vis-à-vis de la *sophia.* Disons, en anticipant sur ce qui va suivre, que *l'eidétique théorique* du philosophe est une chose et que la *typique pratique* du législateur en est une autre, même si dans les deux cas – celui de la découverte théorique de l'*eidos* et celui de la mise en lumière de types pratiques déterminants – la connaissance du jeu des

1. R. Bodéüs, *Politique et philosophie chez Aristote,* Namur, Société des études classiques, 1991, p. 59 et p. 61.

2. P. Aubenque, *La Prudence chez Aristote,* Paris, P.U.F., 1963, p. 30 (nous soulignons).

causes demeure bien le but poursuivi, mais selon deux modalités différentes dont chacune possède une acribie et une légitimité propres.

II. LE JEU CAUSAL DANS LA FORMATION DES CITÉS : *EIDOS* ET *TELOS*

Le livre I de la *Politique* explique à partir d'un principe de finalité la genèse des cités, c'est-à-dire le processus de leur formation en tant que communautés humaines spécifiques chronologiquement postérieures aux familles et aux villages. Ceci est bien connu, mais on doit aussi rappeler que l'exposition de la genèse chronologique des cités, « en commençant par le commencement » (*ex arkhès*) comme le dit Aristote au début du chapitre 2 du livre I (1252 a 24), est précédée par une vingtaine de lignes constituant le bref chapitre 1, et que dans ces lignes-là Aristote soumet en vérité la considération de la chronologie à une *téléologie axiologique* liée à la poursuite d'un bien par les familles, puis par les groupes villageois et enfin par les cités. En effet, lorsqu'on suit les étapes de cette téléologie il apparaît que l'éminence axiologique du bien visé par la cité *ne* dérive *pas* du processus de formation des groupes humains, mais que c'est, à l'inverse, l'analyse génético-chronologique effectuée au chapitre I, 2 qui est *d'avance* placée sous la juridiction d'un principe de finalité hiérarchisant les formes de communautés et, avec elles, les formes de pouvoir. Aussi lit-on dans les toutes premières lignes de la *Politique* :

> Puisque toute cité, nous le voyons, est une certaine communauté (*koinônia tis*), et que toute communauté a été constituée en vue d'un certain bien (*agathou tinos heneken*) (...), il est clair que toutes les communautés visent un certain bien, et que, avant tout, c'est le bien suprême entre tous que vise celle qui est la plus éminente de toutes (*tou kuriôtatou pantôn hè pasôn kuriôtatè*) et qui contient toutes les autres [1].

Voilà pour ce qui a trait à la hiérarchisation axiologique des communautés. Ce qui suit enchaîne immédiatement sur la hiérarchisation des pouvoirs qui en découle, puisqu'Aristote ajoute : « Quant à ceux qui pensent qu'être homme politique, roi, chef de famille, maître d'esclave c'est la même chose, ils n'ont pas raison » (a 7-9). L'ensemble

1. *Pol.* I, 1, 1252 a 1-6. Nous utilisons ici, comme dans toute la suite de cette étude, la tr. fr. de P. Pellegrin, *op. cit.*

du premier livre n'a d'ailleurs pas d'autre propos que d'analyser les aspects spécifiques des différents pouvoirs et leur caractère naturellement nécessaire (lorsqu'ils ne sont pas pervertis) – non sans qu'Aristote ait précisé que la spécificité de chacun de ces pouvoirs n'a rien à voir avec la question du nombre des administrés, ce qui veut dire qu'elle ressortit véritablement d'un questionnement *eidétique* et non pas matériel [1]. Il suit de ces remarques qu'évoquer à propos du livre I de la *Politique* un principe de finalité naturelle est parfaitement légitime, mais que ce n'en serait pas moins une méprise que de voir dans ce principe le symptôme d'une œuvre occulte ou d'une « poussée » d'une nature productrice dont les effets mécaniques se feraient sentir tout au long de l'histoire humaine. On trouve, tout au contraire, dans les premières phrases de la *Politique* une *pré-détermination eidétique* de la cité en termes de « communauté la plus éminente » (*kuriôtatè koinônia*) [2]. Pour reprendre les mots mêmes du Philosophe, il est en effet clair que si « nous voyons » (*horômen,* a 1) fort bien que toute cité est une certaine communauté, en revanche nous ne voyons absolument pas, comme si nous constations une quelconque donnée empirique, que la cité est la « plus éminente » des communautés : c'est là une *évaluation axiologique* qui détermine un *eidos* en partant du but visé, donc du *telos.* Ce type d'analyse est d'ailleurs en parfaite conformité avec la partie méthodologique du livre I des *Parties des animaux,* dans laquelle Aristote, s'opposant à Empédocle, affirme que la *genesis* est en raison de l'*ousia* et non l'inverse : *hè gar genesis heneka tès ousias estin, all' ouk hè ousia heneka tès geneseôs* [3]. Par conséquent, en politique comme en biologie, c'est la forme qui, en tant que finalisation ou achèvement d'une nature et d'une matière propres, explique au premier chef la genèse de ce qui est ; ce qui confirme bien que « la nature formelle est plus éminente (*kuriôtera*) que la nature matérielle » [4]. Mais cela, le voyons-nous aussi banalement que nous pouvons voir la configu-

1. Cf. *Pol.* I, 1, 1252 a 9-13.

2. De même qu'on lit aussi dans ces pages, comme on le sait, une pré-détermination eidétique du *logos* en termes d'*aisthèsis agathou kai kakou kai dikaiou kai adikou kai tôn allôn* (1253 a 16-17).

3. *Part. Anim.* I, 1, 640 a 18-19. Pour l'application de ce principe à la politique, *cf.* W. L. Newman, *The Politics of Aristotle,* with an introduction, two prefatory essays and notes critical and explanatory, 4 vol., Oxford, Clarendon Press, 1887, t. I, p. 27-28 ; P. Pellegrin « Nature, excellence, diversité… », art. cit.

4. *Part. Anim.*, I, 1, 640 b 28-29.

ration apparente d'un corps matériel ou d'un groupe d'hommes? La réponse ne peut qu'être négative: l'éminence de l'*eidos*, ne devient visible que par le biais d'une éducation philosophique et théorétique du voir, c'est-à-dire par la mise en œuvre d'une réduction de ce qui est donné à son *eidos*, au fil d'une quête de la forme con-venante à la matière[1].

La réduction à la forme à laquelle il vient d'être fait allusion est opérée aux livres II et III de la *Politique*. Elle passe, dans un premier temps, par la traversée critique des apories auxquelles se sont heurtés les prédécesseurs d'Aristote sur ce sujet. Nous ne pouvons passer ici au crible l'ensemble des difficultés non résolues qu'Aristote relève chez Platon, Phaléas de Chalcédoine et Hippodamos de Milet, puis dans les constitutions qui ont été appliquées à Sparte, à Athènes, à Carthage ou en Crète. Relevons seulement que l'ordre d'exposition de ces apories n'est pas indifférent pour ce qui concerne le jeu des causes. Aristote commence, comme on s'en souvient, par les trois théoriciens de la cité. Il leur adresse la même critique de fond, qui est de ne pas avoir bien effectué la réduction théorique de la matière immédiatement offerte à leur réflexion (les diverses richesses, les terres, le nombre des habitants, le territoire de la cité) à l'*eidos* de l'objet politique comme tel. Le fil directeur de ses analyses critiques est qu'aucun d'eux n'a su penser le *jeu* entre causalité matérielle et causalité formelle :

> Phaléas a été en effet au nombre de ceux pour qui « le plus important c'est de bien règlementer ce qui concerne les richesses » matérielles (*to peri tas ousias einai megiston*, II, 7, 1266 a 37-40). Hippodamos, quant à lui, « inventa la division régulière des villes et découpa le Pirée » (8, 1267 b 22-23), et Aristote n'omet pas d'ajouter qu'il « s'estimait capable de discourir sur la nature entière » (b 28) : autant dire qu'il a été attentif à la répartition des éléments physiques de la cité, ou à l'inverse à un urbanisme fonctionnaliste abstrait, plutôt qu'à *l'interaction* entre les deux causalités matérielle et formelle. Quant à Platon, nous l'évoquerons plus en détail dans un instant, mais on doit se souvenir de ce jugement d'Aristote sur la constitution des *Lois* : « tout en voulant la rendre plus adaptée aux cités [réelles], Socrate est insensiblement

1. Une telle réduction est tout à la fois présupposée et appelée par le début du livre I de la *Politique*, dans et par l'ambiguïté de formules telles que celle qui ouvre le volume : *Epeidè pasan polin* horômen *koinônian tina ousan...*, ou bien encore celle, célèbre mais hautement équivoque, de I, 2, 1253 a 7-9 : *politikon ho anthrôpos zôon pasès melittès kai pantos agelaiou zôou* mallon, *dèlon*.

ramené à la constitution précédente », celle, utopique, de la *République* (II, 6, 1265 a 3-4).

C'est seulement après cette discussion avec les théoriciens du régime idéal, à partir du chapitre II, 9, qu'Aristote examine les constitutions qui ont effectivement existé. Il critique alors, soit leur finalité elle-même (par exemple la finalité guerrière posée par la constitution spartiate[1]), soit surtout l'inadéquation de certains de leurs moyens, c'est-à-dire de certaines de leurs dispositions légales, avec l'esprit (ou avec la forme) de leur constitution, ce qui les fragilise de l'intérieur. Tout se passe dans ces cités comme si la matière légale, celle des *nomoi,* ne trouvait pas (ou venait s'opposer à) sa forme constitutionnelle :

> Ainsi les lois qui accordent, à Sparte, une grande liberté aux femmes sont-elles « dommageable[s] à la fois pour le but que se propose la constitution et pour le bonheur de la cité »[2] ; alors qu'en Crète c'est la loi autorisant l'*acosmia,* c'est-à-dire la vacance pure et simple du pouvoir des Cosmes, qui « montre bien que l'organisation (*taxis*) crétoise a bien quelque chose d'une constitution, mais qu'elle n'est pas vraiment une constitution mais plutôt un régime d'arbitraire »[3].

On voit que cet ordre d'exposition, qui va des théoriciens aux *politeiai* réelles, souligne qu'en politique comme en tout autre savoir la lacune la plus grave est celle qui concerne la connaissance du jeu causal *dans toute son extension*, comme cela est très manifeste chez les théoriciens de l'idéal, mais comme cela peut encore s'avérer vrai sur le terrain de la pratique historique.

Maintenant, qu'est-il exactement reproché à Platon ? À l'auteur de la *République* Aristote reproche longuement, aux chapitres II, 1-5, de n'avoir pas véritablement procédé à une réduction de la matière à la forme, mais plutôt à une survalorisation de la cause formelle vis-à-vis de la cause matérielle, et d'avoir ainsi écrasé en quelque sorte les différenciations naturelles dans la cité sous l'impératif abstrait de l'unification. Une cité, rappelle-t-il, « doit être une unité composée d'éléments différant spécifiquement (*ex hôn dei hen genesthai, eidei diapherei*) »[4], et non pas une unité absolue. Il en découle que l'égalitarisme sans

1. Cf. *Pol.* II, 9, 1271 b 1-6 (ce thème est repris des *Lois* de Platon).
2. Cf. *ibid.*, II, 9, 1269 b 12-1273 a 10.
3. *Ibid.*, II, 10, 1272 b 9-11.
4. *Ibid.*, II, 2, 1261 a 29-30.

limitations matérielles spécifiques de la *République,* c'est-à-dire la communauté de tous les biens, des femmes et des enfants, ruine la cité en tant que *plèthos,* et qu'à l'inverse « serait-on à même de réaliser cette <unité>, on devrait se garder de le faire, car ce serait mener la cité à sa perte »[1]. À l'opposé, à l'auteur des *Lois* Aristote fait grief, au chapitre II, 6, d'accorder trop peu d'importance cette fois à la causalité formelle, ce qui veut dire à la *politeia* : « la plus grande partie du traité des *Lois* », lit-on en 1265 a 1-2, « étant remplie par des lois (*nomoi*), <Platon> ne dit que peu de choses sur la constitution (*politeia*) ». On pourrait ajouter que dans ce dernier traité Platon règlemente la matière politique en négligeant de préciser son rapport spécifique à l'*eidos* de la cité : de quel milieu (*meson,* 1265 b 28), de quel mixte entre démocratie et oligarchie s'agit-il là ? La question reste en suspens, c'est pourquoi la rigueur manque à ce texte, comme elle manque aussi aux écrits de Phaléas et d'Hippodamos : on légifère sur la répartition des richesses ou des terres, sur le nombre optimum de citoyens, mais on raisonne en fait davantage en physiologue, comme Aristote le laisse entendre à propos d'Hippodamos, qu'en politologue ou qu'en homme politique.

De Pittacos, législateur de Mytilène, Aristote écrira au chapitre II, 12, qu'il fut « un artisan de lois (*nomôn dèmiourgos*), mais pas de constitution » (1274 b 18-19) ; c'est donc en simple technicien de la législation qu'il a agi, sans se soucier assez du principe constitutionnel régissant, ou devant régir, sa cité. Or, il est très frappant que lorsqu'Aristote critique la loi par laquelle Hippodamos prévoyait, dans son projet de constitution idéale, d'encourager les innovations en matière législative, c'est le même reproche d'une confusion entre la temporalité *technique* et celle *politique* qui est mis en avant, du fait que cette confusion contrevient gravement à l'exigence de stabilité des bonnes constitutions, car « l'exemple tiré des techniques est faux, et ce n'est pas la même chose de changer un art et une loi »[2].

Les exposés diaporématiques du livre II précisent donc, par voie négative et selon une méthode qui est constante chez Aristote, l'exigence de réduction bien conduite de l'objet politique à l'*eidos* approprié à sa matière. Cette réduction sera opérée dans le livre suivant, dont il vaut la peine, pour notre propos, de citer les premières lignes :

1. *Ibid.*, II, 2, 1261 a 21-22.
2. *Ibid.*, II, 8, 1269 a 19-20.

> Pour celui qui mène une investigation sur les constitutions (*peri politeias*), c'est-à-dire sur ce qu'est chacune d'elles et sur ses propriétés, l'investigation pour ainsi dire première c'est de considérer la cité : qu'est-ce enfin que la cité (*ti pote estin hè polis*) ? Car en fait il y a une controverse sur ce point : les uns prétendant que c'est la cité qui a accompli telle action, les autres que ce n'est pas la cité mais l'oligarchie ou le tyran. Par ailleurs, nous voyons que toute l'activité de l'homme politique c'est-à-dire du législateur concerne la cité (*ousan peri polin*). Enfin, la constitution est un certain ordre entre les gens qui habitent la cité (*hè de politeia tôn tèn polin oikountôn esti taxis tis*)[1].

Ces lignes exposent en toute clarté la nature de la pluralité des causes repérables dans le champ politique. Elles signifient en effet que savoir ce qu'est la cité, c'est savoir ce qui s'y fait et qui le fait, mais que c'est aussi savoir en vue de quoi cela est fait, et enfin selon quel principe d'ordonnancement interne des choses et des gens. Bref, c'est reconnaître une structure causale efficiente, finale, matérielle et formelle (la forme apparaissant de prime abord comme une certaine *taxis*). Mais cette pluralité est vouée à demeurer sans cohérence tant que l'on mêle sans discernement le niveau matériel (celui des choses et des gens) au niveau formel (celui de la cité en tant qu'objet politique). De là les « controverses » auxquelles il a été fait allusion. Et de là aussi, mais *a contrario,* la réduction qui suit immédiatement : celle de la cité, prise strictement comme objet politique, non plus à l'ensemble de ses éléments matériels, mais à ses *parties* constituantes déterminées par rapport à son *eidos*[2]. Ceci a lieu par le biais d'un passage abrupt de la *polis* au *politès* :

> Mais puisque la cité fait partie des composés, comme n'importe lequel des touts formés de plusieurs parties (*ek pollôn moriôn*), il est clair qu'il faut d'abord mener une recherche sur le citoyen (*ho politès*). La cité, en effet, est un ensemble déterminé de citoyens, de sorte que nous avons à examiner qui il faut appeler citoyen et ce qu'est le citoyen (*tina khrè kalein politèn kai tis ho politès esti*)[3].

1. *Ibid.,* III, 1, 1274 b 32-38.

2. Aristote précisera, en *Pol.* VII, 8, 1328 a 21-25, que « puisque, comme dans les autres composés naturels, les conditions sans lesquelles le tout n'existerait pas ne sont pas parties du système total, il est évident qu'il ne faut pas considérer comme des parties d'une cité tout ce que les cités possèdent nécessairement ».

3. *Pol.* III, 1, 1274 b 38-1275 a 1.

Aristote fait donc nettement le départ entre la description matérielle *stricto sensu* des éléments nécessaires à la cité et l'analyse morphologique de cette dernière : l'analyse qu'il faut conduire est celle de la cité en *parties* (*moria*) relatives à son *eidos,* soit l'analyse de la cité en tant qu'objet d'une connaissance d'ordre strictement politologique. Par essence, en effet, le citoyen n'est ni l'habitant de la ville, ni l'enfant né de parents autochtones, ni celui qu'on a pu faire citoyen par décret. Réduit à son *eidos*, le citoyen est simplement celui que la constitution reconnaît apte à participer, sans aucune limitation temporelle, aux magistratures. Il ne semble donc pas exagéré de dire qu'Aristote procède, en ce chapitre III, 1, par variation eidétique, puisque l'*eidos* du citoyen est obtenu comme le reste invariant d'une série de variations conduite à partir de 1275 a 5 : on examine et l'on exclut d'abord le cas de celui qui est devenu citoyen par décret, c'est-à-dire par naturalisation, puis le cas du simple habitant du territoire urbain, puis celui du citoyen seulement passif (l'enfant ou le vieillard), et enfin le cas du citoyen qui ne participe que temporairement aux affaires politiques. Reste alors l'invariant de la variation, qui est le citoyen *haplôs* [1].

Les modalités de reconnaissance constitutionnelle de la citoyenneté peuvent bien varier dans l'espace et dans le temps, il reste que l'invariant eidétique de ces variations historiques détermine, comme le dit Aristote, le *politès haplôs* [2]. Sa définition générale est obtenue par le biais de la célèbre analogie du chapitre III, 4, selon laquelle de même que la sécurité active de la navigation est l'affaire de tout matelot en général, de même celle de la constitution est l'affaire de tout citoyen en général car,

> bien qu'ils soient différents, la sécurité de la communauté est leur affaire, et la constitution est cette communauté (*hè sôtèria tès koinônias ergon esti, koinônia d' estin hè politeia*). C'est pourquoi l'excellence du citoyen est nécessairement fonction de la constitution [3].

C'est pourquoi aussi, ajouterons-nous, les définitions spécifiques qu'Aristote donnera ultérieurement des citoyens d'une démocratie, d'une oligarchie et d'une monarchie seront elles aussi fonction de la constitution particulière dont ils représentent une partie formelle. Leur

1. *Cf.* III, 1, 1275 a 5-35.
2. III, 1, 1275 a 19 et 22. Sur la question de la synonymie du mot « citoyen », voir les remarques d'A. Stevens, *op. cit.*, p. 128-129.
3. *Pol.* III, 4, 1276 b 28-31.

eidos est donc parfaitement connaissable, et partant aussi l'*eidos* de leur cité en tant que « communauté de constitution entre <les> citoyens » (III, 3, 1276 b 2 : *koinônia politôn politeias*). On parvient ainsi à une définition de la cité qui est rigoureusement eidétique puisqu'elle ne la détermine ni par l'étendue, les remparts ou le territoire, ni non plus par la race et le nombre des habitants[1]. *La réalité matérielle a donc bien été réduite à la réalisation de la forme dans une certaine matière spécifique,* ce qui ne consiste ni à nier abstraitement la matière (critique adressée à Platon) ni, à l'inverse, à l'hypostasier (reproche fait à Hippodamos), mais bien plutôt à la considérer comme une condition de la forme adéquate. C'est la raison pour laquelle Aristote soutiendra que ce qui a rapport au nombre des citoyens et à la configuration du territoire figure parmi les moyens nécessaires à l'action politique du nomothète, en tant que « matière appropriée (*oikeian hulèn*) convenablement apprêtée » à cette action[2], ce qui veut dire, dans le cadre de ce livre consacré à la meilleure constitution *haplôs,* en tant que matière « idéale ».

Finalement, l'analyse de la formation des cités et de leur *telos* met en lumière le rôle de premier plan de la causalité formelle exercée par la *politeia* eu égard à l'identité et donc à la permanence de la cité. Aristote conclura sur ce point par ces mots : « Il faut dire que la cité est la même (*autè*) principalement en regardant sa constitution », (III, 3, 1276 b 10-11), avant d'ajouter que la *politeia* est « en quelque sorte la vie de la cité (*bios tis poleôs*) »[3] – ce qui confirme bien par voie analogique, si l'on se souvient de la leçon du chapitre II, 4 du *de Anima* sur la causalité exercée par l'âme, qu'une *politeia* est cause formelle et finale d'une cité concrète[4].

1. Cf. *Pol.* III, 3 en entier, avec les allusions ironiques à l'étendue du Péloponnèse (qui ne constitue certes pas une grande cité) et à celle de Babylone (qui n'est plus une cité), ainsi que la comparaison de la cité avec un chœur : la *tonalité* du chœur n'a rien de physique mais dépend de la *forme* musicale tragique ou comique, et il en va de même pour la cité dont la "tonalité" politique sera donnée par sa *politeia.*

2. Cf. *Pol.* VII, 4, 1325 b 40 *sq.*

3. *Pol.* IV, 11, 1295 a 40-b 1. *Cf.* P. Pellegrin, « Nature, excellence, diversité... », art. cit., p. 128, qui tire à juste titre de cette analogie la conclusion que « le bon nomothète agira donc comme la nature à l'égard des vivants. Pour obtenir des organismes excellents il s'efforcera d'établir des mélanges harmonieux de parties bien adaptées à leur fonction » (p. 149).

4. Cf. *de An.* II, 4, 415 b 7-416 a 9.

III. Le jeu causal dans l'histoire des cités : *eidos* et *tupos*

Nous venons de vérifier que pour Aristote une politologie, c'est-à-dire une connaissance théorique de l'*eidos* de la cité en général et des conditions des *eidè* des cités spécifiques, est possible. Elle l'est, c'est un point qui mérite d'être souligné, même si la *politeia* (qui est justement cet *eidos*) ne constitue pas un genre mais un ordre d'entités hiérarchisées où l'on peut discerner le meilleur, puis ce qui est moyen, médiocre et enfin déviant[1]. Il faut même dire que, dans ce domaine, la connaissance théorique des causes est non seulement possible mais encore tout à fait souhaitable, et que c'est ce qui explique qu'Aristote ait lui-même jugé bon d'enseigner ces matières à un public (supposé, il est vrai, avoir suffisamment d'expérience et de jugement critique). Mais, à quoi cette connaissance qui ne prétend pas être épitactique peut-elle bien servir aux nomothètes[2] ? On peut tout d'abord répondre qu'elle incitera sans doute les hommes politiques à agir en fonction de l'*eidos* constitutionnel de leur cité. La politologie aristotélicienne leur rappellera l'existence d'un critère final et formel pertinent pour l'évaluation et la clarification de la portée intentionnelle de leurs actes : entendent-ils contribuer à la conservation de la *politeia* existante ou bien à son changement et, dans cette éventualité, à quel changement ? Il reste cependant assuré qu'Aristote ne prétend aucunement leur enseigner quels sont les *moyens concrets* à mettre en œuvre pour agir comme ils entendent le faire.

La question peut néanmoins être envisagée sous un autre angle. La sensibilisation des nomothètes au critère final et formel de la *politeia* peut en effet les amener à comprendre les raisons, sinon des succès ou des échecs qui émaillent l'histoire (qui sont, les uns comme les autres, innombrables et qu'il n'est de toute façon pas question de prévoir par le biais d'un savoir théorique), du moins de certains *types* de changements, positifs aussi bien que négatifs, qui peuvent survenir du fait même de la primauté de la causalité constitutionnelle. Ce sont en somme des évolutions *typiques* de l'histoire politique qui pourront être découvertes

1. Sur le problème des antéro-postérieurs et de leur définition commune, *cf.* A. Stevens, *op. cit.*, p. 121-130.

2. La question a été, comme nous l'avons dit, clairement posée par R. Bodéüs, cf. *Le Philosophe et la cité...*, *loc. cit.*, chap. II, et *Politique et philosophie...*, *loc. cit.*, chap. II-III.

par le biais de la connaissance des *politeiai,* dans la mesure où l'*eidos* spécifique de chaque cité contient *en lui* la typique d'une évolution qui est possible, sans qu'elle soit, bien entendu, certaine et prédéterminée. Discerner cette typique ce n'est assurément pas, pour le nomothète, apprendre comment agir en vertu d'une connaissance théorique du passé ou, cas plus improbable encore, de l'avenir. C'est bien plutôt travailler, dans le présent de l'action et grâce à la familiarité acquise avec l'histoire et avec la pratique institutionnelle, à surmonter autant qu'il est possible l'écart éventuel entre la matière de cette pratique et la connaissance eidétique qui est la sienne. Lorsqu'en effet un magistrat s'avise que la *politeia* de sa cité (qui peut être monarchique, démocratique, oligarchique ou aristocratique, ou bien être un mixte de plusieurs de ces espèces) comporte en elle certaines potentialités typiques d'évolution, il se trouve à même d'agir mieux sur la *matière politique* à laquelle il a concrètement affaire, et donc sur les conditions de l'*eidos* de sa cité. Peut-être même qu'en dessinant ainsi la typique du possible et du convenable que comporte en puissance l'*eidos* constitutionnel de sa cité il agira *au mieux,* dans le sens de la consolidation ou de la transformation de cet *eidos,* compte tenu de la situation dans laquelle lui-même et la cité se trouvent.

Est-ce là ce que nous avons appelé « agir en connaissance pratique de cause » ? Tout d'abord, il est clair que ce n'est pas chercher à appliquer une norme théorique sur le réel, et que ce n'est pas non plus dresser l'inventaire technique des erreurs et des succès passés, avec l'espoir de les éviter ou de les répéter désormais. Ni savoir théorique ni savoir technique, cette *epistèmè* bien spécifique cherche à *améliorer* la matière politique[1] pour que la forme constitutionnelle choisie par le législateur

1. Il est assez remarquable que W. L. Newman ait aperçu cette exigence, dès 1887, dans son Introduction, suggestive à plus d'un titre, à sa traduction anglaise de la *Politique.* Regrettant en effet que la téléologie axiologique de *Pol.* I ne soit pas accompagnée d'études historiques portant sur l'action concrète des États (*cf.* t. I, p. 62 : « We look in vain for a careful historical investigation into what the State *can* do »), Newman note qu'Aristote semble finalement admettre, avec réalisme, que la longévité des constitutions imparfaites peut représenter un but politique : *the durability of the constitution, rather than its favourableness to good life, seems here* [*sc.* en *Pol.* IV, 8] *to be the aim he keeps in view.* Puis il ajoute qu'en ce cas *the End is kept in view in selecting the Matter of the State and in* improving it by the education and law (p. 63, nous soulignons). L'opposition entre réalisme et idéalisme demande certes à être repensée (elle l'a été par P. Pellegrin, qui a montré, en partant des travaux de Newman, qu'en vérité l'excellence politique ne s'oppose

comme visée de son action – que cette action soit conservatrice, réformatrice ou plus radicalement novatrice encore – puisse avoir de bonnes chances de *durer,* et pour que soit surmonté dans la mesure du possible, par la recherche des conditions concrètes d'une forme, le dualisme entre forme et matière. Car, si dans le cas le plus favorable, celui de la constitution excellente *kat' eukhèn,* le législateur dispose, comme on l'a vu, d'une matière convenablement appropriée à son action, dans les cas historiques plus concrets le législateur doit savoir *adapter à ses vues,* par la loi et par l'éducation, la matière politique qu'il rencontre : les citoyens et leurs aspirations. Il y faut une familiarité avec la pratique qui autorise, semble-t-il, à parler ici de « connaissance pratique de cause » – ce qui est à comprendre au sens où, dans cette connaissance, le *type* vient en somme relier, tel un moyen terme, les deux extrêmes de la connaissance eidétique et de l'activité pratique. Mais il ne peut jouer ce rôle charnière que parce que son discernement par le nomothète suppose un héritage des faits d'expérience vécus dans le passé et réfléchis par lui conformément à la rationalité interne de la *praxis* et des choses humaines dont il est familier.

Vérifions ces points sur les textes eux-mêmes. « Mais d'où vient que les constitutions changent, de combien de manières et comment », demande Aristote au tout début du livre V [1], avant d'ajouter :

> Quelles sont les voies de la ruine pour chaque constitution et de quelles formes vers quelles formes ces transformations s'opèrent-elles surtout, de plus quelles sont les manières de sauvegarder les constitutions en général et chacune en particulier, et aussi par quels moyens chacune assurerait le mieux sa sauvegarde : voilà ce qu'il faut examiner à la suite de ce qui a été dit. (1301 a 21-25)

À ces questions il est répondu, dès le chapitre suivant, par une typique : les causes des dissensions civiques (*staseis*) se déterminent *tupoi,* lit-on en 1302 a 19 *sq.*, en trois classes : « l'état d'esprit des séditieux, <puis> en vue de quoi ils agissent, et aussi, troisièmement, quels sont les origines des troubles politiques et des dissensions entre citoyens. » Autrement dit, trois sortes de causes rendent typiquement

pas au "réalisme", mais qu'elle se dit plutôt *dikhôs* : selon la vertu elle-même *et* selon la durée), mais il n'en reste pas moins que l'intuition, par Newman, d'une « amélioration » de la matière politique est très précieuse.

1. *Pol.* V, 1, 1301 a 20-21 : *Ek tinôn de metaballousin hai politeiai kai posôn kai poiôn.*

compte des bouleversements historiques dans les cités : le sentiment d'inégalités injustifiées, l'aspiration à abolir ces inégalités, et enfin les causes circonstancielles liées à l'expérience d'excès patents, tels que la démesure, le mépris, la disproportion du pouvoir [1]. Typiquement donc, la *stasis* politique provient de disparités vécues par les citoyens comme injustifiables. Mais par rapport à quoi sont-elles injustifiables ? La réponse est immédiate : par rapport à la *politeia* de leur cité. La « matière délictueuse », si l'on peut dire, n'est ressentie comme telle qu'eu égard aux principes constitutionnels. C'est pourquoi, juste après avoir posé la question des causes des changements, en V, 1, Aristote rappelle que dans les régimes populaires, du fait même de la nature du régime, tous les citoyens se croient égaux en tout, alors que dans les oligarchies, les citoyens « posent en principe qu'ils sont inégaux en tout parce qu'ils <le> sont par la richesse ». Mais ce qui vaut pour ces deux formes de régimes déviants vaut aussi pour les constitutions droites, car l'égalité des valeureux elle-même, celle des *spoudaioi,* qu'ils soient citoyens d'une cité régie par une constitution démocratique excellente ou bien citoyens d'une aristocratie du mérite, – cette égalité de valeur donc, porte en elle la possibilité de revendications, soit à plus d'égalité en tous les domaines, soit à une plus grande différenciation d'avec les non-valeureux. Quant aux mixtes obtenus, comme c'est le cas dans de très nombreuses cités, entre les trois formes droites de constitution, ils sont encore bien plus sujets à des changements, du fait de leur conception intrinsèquement instable du *meson* comme mélange. C'est à ce niveau que de petites causes inaperçues (légère modification du cens ou enrichissement général, création de *neopolitai*, etc.) pourront provoquer de grands bouleversements, tel que le passage d'une forme de constitution oligarchique à une démocratie. Aristote en donne de nombreux exemples au chapitres 4 à 7 du livre V [2], et conclut son analyse par ces mots :

> Les gouvernements constitutionnels [ou « polities »] et les aristocraties sont principalement ruinés quand on s'écarte de la justice *au sein de la constitution elle-même* (en autèi tèi politeiai *tou dikaiou parekbasin*) ;

1. Cf. *Pol.* V, 2-3. Sur le sens de *tupos* et de *tupoi* voir G. Roux, « Le sens de *Tupos* », *R. E. A.*, LXIII, 1961-1, p. 5-14.

2. Les premiers mots de V, 4 sont à noter : « Les séditions ne naissent pas au sujet de petites choses mais à partir de petites choses (*ou peri mikrôn all' ek mikrôn*) » (1303 b 17-18).

> car le *principe* (arkhè) de leur ruine c'est, pour le gouvernement constitutionnel, de ne pas bien mélanger démocratie et oligarchie, et pour l'aristocratie de ne pas mélanger ces deux composantes et la vertu, etc.[1].

Il est donc clair que, lorsque la constitution témoigne d'une conception instable du *meson* comme mélange maladroit des principes (précisons : un mélange maladroit eu égard à la nature de la matière politique en cause), ce mélange constitutionnel porte *en lui*, à titre de « principe » (*arkhè,* 1307 a 7), une possibilité plus ou moins accentuée de changement constitutionnel. Inversement, la stabilité du mélange, son bon dosage et le rôle que peut y jouer la classe moyenne, sont des facteurs favorables à la durée de la constitution mixte – par exemple, dans le cas *typique* entre tous aux yeux d'Aristote, celui de la neutralisation par la classe moyenne des intérêts adverses des extrêmes). Plus généralement, chaque *eidos* constitutionnel, qu'il soit pur, mêlé à d'autres, voire même dévié, a pour principe d'ordonnancement des parties du corps politique une certaine idée de l'*ison* et du *dikaion* qui préfigure *typiquement* ce qui, par variation, pourra apparaître injuste et inégal aux citoyens de ce régime, et donc favoriser les dissensions internes. Nous disons bien « typiquement », et pas « nécessairement », car il ne s'agit pas d'une prédétermination du devenir par des lois de l'histoire des constitutions ; autrement dit, il ne s'agit pas, comme chez Platon et plus tard chez Polybe et Cicéron, d'un nécessaire enchaînement cyclique des constitutions.

S'il en va bien ainsi, il est salutaire pour la réussite des initiatives politiques des nomothètes qu'ils sachent – pour reprendre les termes de la métaphore qu'Aristote emploie en V, 9, 1309 b 22 *sq.* – que, de même qu'un nez qui n'est pas parfaitement droit demeure encore agréable à regarder lorsqu'il est aquilin ou camus, alors qu'il est perçu comme désagréable si l'écart avec le juste milieu représenté par le nez droit s'intensifie au-delà d'un certain seuil, de même, plus un régime politique présente un *eidos* déviant par rapport au *meson kritikon* de l'excellence et moins longtemps il paraît supportable aux citoyens, ce qui veut dire qu'un tel régime a toute chance d'engendrer rapidement des tendances séditieuses. Une certaine typique de la durée des régimes[2] se joue par

1. *Pol.* V, 7, 1307 a 5-10 (nous soulignons).

2. Durée qui est, il faut le répéter contre toute lecture désenchantée des livres dits « réalistes » de la *Politique*, un aspect de l'*aretè* politique, même si ce n'est pas le meilleur

conséquent dans la compréhension, par les nomothètes, du *meson* qui détermine les constitutions : si ces régimes sont des mélanges de plusieurs formes constitutionnelles (selon une idée du *meson* qu'on pourrait nommer *ontique*), ils sont portés, à proportion du degré de dysharmonie du mélange et du rôle dévolu à la classe moyenne, à être sensibles aux petites causes génératrices de sentiments d'inégalités. Mais si le *meson* qui les définit est, à un niveau plus *axiologique* cette fois, l'excellence politique (celle de la plupart des citoyens, de quelques uns ou d'un seul), leur stabilité a toute chance d'être plus grande. Tout dépend en ce cas de *l'éducation* des citoyens, en tant que facteur déterminant de la reproduction ou de la transformation des mœurs, des valeurs et des conduites relativement à l'esprit de la constitution, c'est-à-dire en tant que facteur d'amélioration de la matière politique, tant il est vrai que, comme Aristote en prévient ses auditeurs, qui sont appelés à intervenir dans les affaires publiques,

> Le plus efficace de tous les moyens dont on a parlé pour faire durer les constitutions, et qui est aujourd'hui négligé par tous, c'est de donner une éducation conforme aux différentes constitutions. Car aucune des lois les plus utiles ne sera du moindre profit, même si elle est ratifiée par l'ensemble du corps politique, si les citoyens ne sont pas dotés de dispositions, c'est-à-dire éduqués, dans la perspective de la constitution[1].

Rappelons, pour conclure, la question que se pose Aristote dans sa *Métaphysique* lorsqu'il se trouve confronté au problème de la double détermination formelle et matérielle des substances sensibles, et lorsque, pour dépasser ce dualisme, il introduit la problématique du passage de la puissance à l'acte. Cette question est énoncée ainsi : « Qu'est-ce donc qui fait l'homme un, et pourquoi est-il un et non plusieurs ? (*ti oun estin ho poiei hen ton anthrôpon, kai dia ti hen all' ou polla*) »[2]. Le rappel de cette

de ses aspects. *Cf.* en particulier P. Pellegrin, « Nature, excellence, diversité… », art. cit., p. 137-151.

1. *Pol.* V, 9, 1310 a 12-17. Voir aussi VIII, 1-2. Il ne fait pas de doute que, pour Aristote, les principes de l'éducation traditionnelle sont à revoir, et qu'ils le sont, en chaque cas, en tenant compte de la cause formelle agissant dans les cités, c'est-à-dire en fonction des *politeiai*.

2. *Metaph.* H, 6, 1045 a 14-15. Sur la question de l'unité, et plus généralement sur les rapports entre ontologie et hénologie, *cf.* L. Couloubaritsis, « La métaphysique s'identifie-

interrogation suggère que la question que le nomothète doit résoudre dans et par sa pratique est analogue, et qu'elle peut s'énoncer en ces termes : « Qu'est-ce donc qui fait la cité une et stable dans le temps ? ». La réponse à la première question était : « il n'y a de l'unité aucune autre cause que l'action du moteur, qui opère le passage de la puissance à l'acte » (1045 b 21-22)[1]. De manière analogue, dans le domaine des « choses humaines », la réponse – donnée cette fois sur le terrain de la pratique et non plus sur celui de la théorie – sera que le magistrat, pour éviter les divisions et la *stasis,* pour éviter donc de causer la ruine de sa cité et pour la faire durer, devra régler son action sur le type de spécificité que la *politeia* de sa cité confère déjà à la matière politique qui en constitue, en retour, la condition. Il devra, pour le dire avec plus de précision, régler son action sur le type de spécificité que la *politeia* confère déjà, *en acte* dans les lois et les institutions, et aussi *en puissance* dans les dispositions d'esprit, à la matière politique qu'il travaille : il devra, soit respecter ce type général, en agissant en bon réformateur, soit le bouleverser en connaissance pratique de cause.

Au bout du compte, c'est ainsi que se conçoit le jeu des causes en politique, et c'est également ainsi que nous pouvons comprendre que la politique soit, comme on l'a dit, « l'art du possible », ou encore, comme le professe Aristote lui-même[2], l'art du juste milieu, du possible et du convenable.

t-elle à l'ontologie ? », dans *Herméneutique et Ontologie. Hommage à Pierre Aubenque,* J.-Fr. Courtine et R. Brague (éd.), Paris, P.U.F., 1990, p. 297-322.

1. C'est ce qui conduit L. Couloubaritsis à affirmer que, « au livre Eta, Aristote tente de surmonter ce dualisme [matière / forme] en mettant en évidence un dualisme plus nuancé, celui de la puissance (matière) et de l'acte (actualisation de la matière grâce à la spécificité [l'*eidos*] se manifestant comme forme). S'approchant ainsi davantage du réel matériel, il montre que l'unité de l'étance [de l'*ousia*] est garantie par la cause efficiente qui *produit la différenciation dans la matière en lui imposant une spécificité* », *Aux origines de la philosophie européenne..., loc. cit.*, p. 471 (nous soulignons). *Cf.* aussi P. Moreau, *op. cit.*, p. 151-152.

2. Cf. *Pol.* VIII, 7, 1342 b 34.

CHAPITRE VI

LA DYNAMIQUE DE L'*HEXIS* CHEZ ARISTOTE

L'ÉTAT, LA TENUE ET LA LIMITE

Hexis est un terme du vocabulaire technique aristotélicien qui est usuellement traduit par « état », « disposition stable », « *habitus* », « manière d'être », ou encore « possession ». Ce terme a été reçu par Aristote, de Platon d'une part, de la sophistique et des médecins hippocratiques d'autre part, et plus généralement encore, de l'usage de la langue grecque. Aristote a donc procédé, comme pour de nombreux autres concepts fondamentaux de sa pensée – tels que *phronèsis, ousia, ergon* et *energeia, politeia* – à un héritage sélectif, c'est-à-dire, aussi bien, à un héritage *inventif,* dont l'enjeu a consisté à réorienter ce qui était déjà à son époque une tradition philosophique, en modifiant (dans une proportion qu'il nous faudra évaluer) le sens de ce qui lui était transmis.

En préambule à cette étude, et en guise de pierre de touche, rappelons cette citation de l'*Éthique à Nicomaque* qui, avec une simplicité peut-être trompeuse, exprime l'essentiel de la conception de l'*hexis* chez Aristote :

> La disposition stable (*hexis*) se définit par ses actes (*energeiai*) et par ses objets (*kai hôn estin*). (*Eth. Nic.*, IV, 4, 1122 b 1)

Cette précision nous est donnée au milieu d'un développement sur la vertu morale de magnificence, mais elle a un intérêt tout à fait général dans la mesure où, comme Gauthier et Jolif le précisent avec raison dans leur Commentaire de l'*Éthique à Nicomaque,* elle signifie qu'un « état habituel (*hexis*) se définit par ses actes, c'est entendu (...) ; mais aussi – et c'est le pivot du raisonnement – par ses objets »[1]. Pierre Aubenque a lui aussi remarqué que, par cette formule, « Aristote manifeste la double face [de l'*hexis*], qui ne se définit pas seulement par un certain type de disposition subjective, mais aussi par la référence à un certain type de *situation* »[2].

Ainsi donc, une *hexis,* ce serait une manière d'être relevant tout à la fois de l'habitualité subjective et d'une typique objective. Ce serait cela, pour Aristote du moins. Reste à justifier par l'étude des textes une telle acception du terme, et à en analyser les enjeux et les conséquences métaphysiques.

I. L'ÉQUIVOCITÉ DE L'*HEXIS*

Parmi les textes qui traitent de notre notion[3], le plus prometteur semble être celui de *Metaph.* Δ, 20 dans la mesure où il s'agit, avec ce chapitre du « dictionnaire philosophique » d'Aristote, de définir expressément un genre, l'*hexis,* divisé en ses espèces[4]. Mais on se trouve là aux prises avec un texte très dense, qui fait intervenir en demi-teinte aussi bien le rapport à Platon – et à travers Platon, aux sophistes et à Hippocrate – qu'un certain rapport à l'usage du mot *hexis* en grec. Il faut donc avancer prudemment dans le commentaire, en gardant en mémoire un point doctrinal important que le « dictionnaire » du livre Δ ne souligne pas, puisque ce n'est précisément qu'un dictionnaire, mais qu'il présuppose bien plutôt. Ce point est que l'*hexis* aristotélicienne qualifie non

1. R.-A. Gauthier et J.-Y. Jolif, *Aristote. L'Éthique à Nicomaque*, Introduction, traduction et commentaire, Louvain-Paris, Béatrice-Nauwelaerts, 1970², II-1, p. 265 *ad* 1122 a 35-b 2 (ouvrage noté désormais : Gauthier-Jolif).

2. P. Aubenque, *La Prudence chez Aristote,* Paris, P.U.F., 1963, p. 64 (souligné par l'auteur).

3. Outre *Metaph.* Δ, 20, sur lequel nous allons revenir, les passages essentiels sont :

1) *Cat.* 8, qui évoque ce que l'on dit relativement à l'*ousia* du point de vue de la « qualité » (*poiotès*), à savoir la *dunamis* (puissance, capacité), la *diathèsis* (disposition passagère), le *pathos* (affection, qualité affective), l'*eidos* (ou *skhèma, morphè,* au sens de la figure et de l'aspect) et enfin l'*hexis.*

2) *Cat.* 15 et *Metaph.* Δ, 23, qui traitent tous deux de la catégorie de « l'avoir » (*ekhein*) ; mais, comme cela est étymologiquement attesté, et comme Aristote s'en fait l'écho, *hexis* est une forme dérivée de *ekhein.*

4. Cf. *Metaph.* Δ, 20, 1022 b 4 : *Hexis de legetai hena men tropon...* ; b 10 : *allon de tropon hexis legetai...* ; b 13 : *Eti hexis legetai...*

seulement le comportement éthique, mais aussi la science et la technique, autrement dit l'*epistèmè* et la *tekhnè*. Il y a en effet place dans l'aristotélisme pour des « manières d'être », (*hexeis*) pratiques, théorétiques et poiètiques ou techniques : ce sont à chaque fois des aspects qualitatifs stables du sujet *et* de la situation objective qui sont ainsi nommés. D'un point de vue doctrinal l'*hexis* a ainsi une extension très large qui couvre les champs de la *theôria,* de la *poièsis* et de la *praxis* ; par suite, il importe de ne pas la cantonner au comportement pratique. C'est ce qui ressort en toute clarté des trois passages suivants de l'*Éthique à Nicomaque* :

1) En II, 4, 1106 a 12 les vertus morales sont dites être des *hexeis,* des dispositions stables qui qualifient l'âme qualitativement eu égard à la « façon » (*hôs*) dont elle éprouve les plaisirs et les peines [1]. Aristote ajoute ensuite, pour souligner la portée de ce trait : « Ainsi, nous avons établi génériquement la nature de la vertu. » [2]

2) En VI, 1139 b 31 l'*epistèmè* théorétique est dite constituer une *hexis apodeiktikè,* c'est-à-dire, littéralement, une « disposition stable à la démonstration » ; et Aristote précise un peu plus haut que l'objet de cette *hexis* « existe nécessairement », qu'il ne peut donc pas être autre que ce qu'il est. Ceci confirme tout à la fois que le savoir théorétique est une *hexis* et que cette disposition est *relative à* un type d'objet spécifique [3].

3) Enfin, en VI, 4, 1140 a 10 la *tekhnè* est définie comme *hexis meta logou alèthous poiètikè* [4], ce qui peut se traduire, si l'on veut conserver à *alètheia* son sens usuel de « vérité », par « disposition stable à produire

1. *Cf.* également *Eth. Nic.* II, 2, 1104 b 27-28 ; 3, 1105 a 14-16 (sur le rôle du *hôs*).

2. *Ho ti men oun esti tôi genei hè aretè, eirètai* (1106 a 12-13). La vertu morale sera ensuite déterminée *spécifiquement* comme une disposition stable du sujet à la « médiété » (*mesotès*), et ce relativement à lui-même. La visée du « juste milieu » n'est ainsi ni purement subjective ni purement objective; elle présente bien, selon le mot de P. Aubenque que nous avons rappelé, une « double face ».

3. Dans les *Topiques*, l'*epistèmè* est explicitement déterminée comme un « relatif » (*pros ti*). Cf. *Top.* VI, 6, 145 a 15-18 ; et R. Bodéüs, *Le Philosophe et la Cité. Recherches sur les rapports entre morale et politique chez Aristote,* Paris, Les Belles Lettres, 1982, p. 47 (avec la n. 4). Le même commentateur relève, dans son ouvrage ultérieur, *Politique et philosophie chez Aristote,* Namur, Société des études classiques, 1991, que l'*apodeixis* du savoir provient, dans la langue grecque, du verbe *deik-numi,* soit de « l'in*dic*ation impérative de ce qu'il faut faire, émanant de l'activité politique (...), *deik-numi* est de même racine que *dikè* » (p. 18). Le rapport architectonique entre savoir théorétique et politique pourrait donc s'en trouver inversé, comme le montre la suite de cette éclairante étude.

4. Cette définition est reprise en 1140 a 21. Pour un commentaire argumenté, *cf.* Gauthier-Jolif, *op. cit.*, II-2, p. 460-462.

vraiment – ou véritablement, véritativement – selon la règle »[1]. Au chapitre suivant la *phronèsis,* la prudence, est quant à elle comprise comme « disposition stable pratique, vraie et réglée (*hexin alèthè meta logou praktikèn*), concernant ce qui est bon ou mauvais pour l'homme »[2].

L'ensemble de ces déterminations doctrinales relatives à la vertu morale, à la prudence, au savoir théorétique et au savoir-faire technique, pose évidemment un grand nombre de problèmes exégétiques. Mais le seul point sur lequel il importe ici d'insister est qu'Aristote en appelle effectivement à chaque fois à l'*hexis,* à la disposition qualitative stable, à une certaine manière d'être. Plus précisément, il en appelle, soit à une *hexis* orientée au vrai, dans le cas des excellences intellectuelles (*sophia, tekhnè, phronèsis*), soit à une *hexis* orientée au juste milieu, lorsqu'il s'agit des vertus ou des excellences spécifiquement morales[3]. C'est pourquoi le chapitre huit du Traité des *Catégories* peut affirmer sobrement, en une sorte de résumé de la doctrine constante du Stagirite, que « les sciences et les vertus sont des *hexeis* »[4].

Nous pouvons maintenant revenir à la définition de l'*hexis* en *Metaph.* Δ, 20. Dans ce chapitre Aristote détermine cette disposition qualitative selon deux axes ou deux « tropes » :

Le premier est l'axe de l'avoir ou du posséder : *Hexis de legetai hena men tropon hoion energeia tis tou ekhontos kai ekhoumenou,* « On appelle *hexis,* en un sens, une activité (ou : un acte) de ce qui possède (ou : a) et de ce qui est possédé (ou : eu). »[5] L'exemple donné est celui du vêtement : le vêtement que l'on « possède » certes, mais au sens où on « l'a » *sur soi* et non pas au sens où on le conserve seulement dans une

1. Gauthier-Jolif traduisent par « état habituel raisonné de possession du vrai qui dirige la production » ; J. Tricot par « disposition à produire accompagnée de règle vraie ». Il faut remarquer que *alèthous* ne qualifie pas ici l'*hexis* elle-même (alors qu'en b 21 *alèthè* qualifiera cette *hexis* spécifique qu'est la « prudence » ; voir sur ce point important Gauthier-Jolif, *op. cit.,* II-2, p. 461).

2. *Eth. Nic.,* VI, 5, 1140 b 20-21.

3. « On remarquera que la *vérité* est pour la vertu intellectuelle ce qu'est pour la vertu morale le *juste milieu* », notent judicieusement Gauthier-Jolif, *op. cit.,* II-2, p. 449, *ad* 1139 b 12-13.

4. *Cat.* 8, 8 b 29. Le contexte porte explicitement sur la différence entre *hexis* et *diathèsis* (« disposition passagère »), qui ressortissent toutes deux de la catégorie de la « qualité » (*poiotès*). Dans cette approche plutôt statique l'*hexis*-état est une qualité plus stable que la *diathèsis.*

5. *Metaph.* Δ, 20, 1022 b 4-5.

armoire – puisqu'il s'agit d'une *energeia* et non d'une simple *dunamis.* Bref, l'exemple pris par Aristote est celui du vêtement *porté* et, corrélativement, celui du *port* du vêtement. Or, cette caractérisation de l'*hexis* vient très précisément de Platon : elle provient du *Théétète,* dans un contexte qui concerne la science, l'*epistèmè*, et où il s'agit de contrer Protagoras. Nous y reviendrons tout à l'heure, mais cette provenance laisse d'ores et déjà entrevoir tout l'arrière-plan métaphysique de notre texte, puisqu'avec le débat du *Théétète* entre Platon et Protagoras, ce qui est mis en question n'est autre que la possibilité même de la connaissance, et donc le sens de l'être qui rendra possible ou qui interdira un certain type de connaissance ou de savoir.

Le second « trope » suivi par l'analyse de *Metaph.* Δ, 20 est introduit à la ligne 1022 b 10 : à partir de cette ligne il va être question de « ce qui est en un bon état ou en un mauvais état » (*è eu è kakôs diakeitai*, b 10-11). Le point de vue adopté est donc à présent résolument axiologique et réflexif, ou intransitif. Il est axiologique, puisqu'on considère désormais un bon ou un mauvais état, c'est-à-dire, au bout du compte, le degré d'excellence de ce qui est en question. Et il est réflexif ou intransitif, puisqu'on évalue l'*hexis elle-même.* L'exemple proposé par Aristote est ici celui de la santé, qui est assurément caractéristique d'une *hexis* axiologique et réflexive : on *se* porte *bien* ou *mal* (*cf.* 1022 b 12).

À la fin du passage que nous considérons (b 13-14) Aristote remarque en outre qu'une disposition stable axiologique s'entend et se dit aussi bien des parties d'un tout que de ce tout lui-même : un organe peut-être dit en bonne santé, de même qu'un corps vivant tout entier, et une partie d'une machine peut être dite fonctionner bien ou mal, de même qu'on peut l'affirmer de la machine dans son ensemble. Ceci ne comporte pas de difficulté spéciale. Mais en revanche, ce qui constitue une réelle difficulté, c'est la *transition* entre le premier et le second axe des développements qui nous sont présentés en *Metaph.* Δ, 20. De quelle nature cette transition peut-elle bien être ? Nous devons répondre à cette question avant de revenir au dialogue d'Aristote avec Platon et Protagoras à propos du premier sens de l'*hexis.*

La logique de l'enchaînement opéré par Aristote tire tout d'abord parti d'un fait de langue – elle en tire parti, mais ce n'est pas pour autant qu'elle se *fonde* sur ce fait linguistique[1]. Ce fait de langue indo-européen est, ainsi qu'Émile Benveniste l'a montré[2], que la fonction syntaxique apparemment transitive du verbe avoir – fonction qui le différencierait du verbe être, lequel représente assurément le « verbe d'état par excellence » – n'est qu'une illusion :

> *Avoir* a la construction d'un verbe transitif; il n'en est pas un pour autant. C'est un pseudo-transitif (...). Au sein même des langues indo-européennes, c'est une acquisition tardive, qui mit longtemps à s'imposer et qui reste partielle. L'expression la plus courante du rapport indiqué en nos langues par *avoir* s'énonce, à l'inverse, par « *être-à* », constituant en sujet ce qui est l'objet grammatical d'un verbe *avoir*. (...) *Avoir* n'est rien d'autre qu'un *être-à* inversé[3].

Autrement dit, les deux sens de l'*hexis* qu'Aristote distingue en *Metaph.* Δ, 20 s'articulent effectivement l'un à l'autre selon la logique même de la langue grecque, dans laquelle l'avoir, l'*ekhein* d'où dérive l'*hexis,* dit tout aussi bien une possession, un « avoir » solide, qu'un « être-à », et même un « être » tout court – deux modes d'être entre lesquels se renversent les fonctions grammaticales du sujet et de l'objet, comme c'est le cas des chaussures qu'on *a* aux pieds lorsqu'on en *est* chaussé, ou des armes qu'on *a* elles aussi lorsqu'elles *sont à* nous et qu'on en *est* effectivement équipé. Dès lors Aristote peut proposer en exemple de la catégorie de l'avoir, au chapitre quatre du Traité des *Catégories,* ceci :

> Avoir, c'est comme : il est chaussé, il est armé (*Ekhein de hoiôn hypodedetai, hôplistai*)[4].

1. La thèse d'une fondation des catégories de pensée d'Aristote dans les catégories de la langue grecque a été soutenue, on s'en souvient, par É. Benveniste dans une célèbre étude de 1958, aujourd'hui reprise dans les *Problèmes de linguistique générale,* t. I, Paris, Gallimard, p. 63-74. On lira également la réponse sans concession de J. Derrida, « Le supplément de copule. La philosophie devant la linguistique », *Marges de la philosophie,* Paris, Minuit, 1972, p. 209-246.

2. *Cf.* E. Benveniste, « "Être" et "avoir" dans leurs fonctions linguistiques » (1960), *Problèmes de linguistique générale, op. cit.,* t. I, p. 187-207.

3. *Ibid.,* p. 194-195 et 197. Ainsi dit-on, en grec ancien, *Esti toi khrusos* (avec un datif d'attribution dont le sens littéral est : « À toi *est* l'or »), au lieu de dire, comme le fait la langue française, « Tu *as* (ou : tu possèdes) de l'or ».

4. *Cat.* 4, 2 a 3.

La formule est évidemment très paradoxale, mais elle dit bien, grâce à l'emploi des deux formes verbales *hypodedetai* et *hôplistai* qui sont des verbes au parfait, et même au parfait moyen, que la catégorie de l'avoir nomme un mode d'accomplissement qui concerne finalement *le sujet lui-même*[1]. Comme le remarque très justement Benveniste, cet ensemble de traits s'éclaire par « la nature profonde du parfait : c'est une forme où la notion d'état, associée à celle de possession, est mise au compte de l'auteur de l'action; le parfait présente l'auteur comme possesseur de l'accomplissement »[2].

On devine alors comment Aristote peut passer de la possession à l'axiologie : s'il le peut, c'est qu'il suit les possibilités de langue du parfait moyen, lequel fait toujours signe vers un accomplissement de soi du sujet. C'est d'ailleurs ce que retrouve à sa manière (en insistant sans doute trop, nous y reviendrons, sur le caractère statique de l'*hexis*-état) René-Antoine Gauthier lorsqu'il écrit, à propos de l'*hexis* du vertueux :

> Il faut méditer tous ces textes pour comprendre ce qu'Aristote veut dire lorsqu'il nous dit que la vertu est une *hexis,* un état habituel, un « avoir » ; c'est du solide, et le vertueux aristotélicien est un propriétaire sûr de soi. On comprend les invectives passionnées de Luther contre cette notion d'*hexis*; elle est aux antipodes de sa conception de l'homme pécheur, à qui ses vertus ne sont que prêtées et qui doit à tout instant les mendier de Dieu avec crainte et tremblement[3].

Nous dirons donc, pour conclure sur ce premier point, que les deux sens de l'*hexis* qui se succèdent sans lien apparent en *Metaph.* Δ, 20 sont en fait intimement liés par la réversibilité de l'avoir et de l'être, et par celle aussi de la possession et de l'évaluation axiologique de soi. Le premier de ces sens, la « possession », accentue davantage l'aspect objectif de l'*hexis,* alors que le second accentue l'aspect subjectif, c'est-à-dire la « manière d'être », l'*habitus.* Mais la leçon profonde de ce chapitre définitionnel de la *Métaphysique* est qu'aucun des deux sens ne

1. On sait en effet que le *parfait* nomme le résultat présent d'une action passée achevée, ou accomplie ; alors que le *moyen* implique que le sujet soit "intéressé" à l'action transitive qu'il effectue. D'où la valeur spécifique du *parfait moyen.*

2. E. Benveniste, *op. cit.,* p. 200.

3. R.-A. Gauthier, *La Morale d'Aristote,* Paris, P.U.F., 1958, p. 74. Pour l'auteur il ne fait aucun doute que le désir du vertueux aristotélicien se caractérise par la stabilité sans faille de sa soumission absolue à la raison (*cf.*, p. 73). De là l'interprétation quasi "foncière" de l'*hexis* que donne ce commentateur.

va sans l'autre, puisque, comme c'est d'ailleurs toujours le cas chez Aristote, si l'*hexis* est certes bien un *pollakhôs legomenon* (ici, plus spécifiquement, un *dikhôs legomenon*), cette pluralité de sens *tend vers* une unité tendancielle : elle est *pros hèn* – sinon, la philosophie d'Aristote ne serait guère, le plus souvent, qu'un catalogue ou un répertoire des significations multiples : une « rhapsodie » disait, malencontreusement, Kant.

II. Les enjeux métaphysiques de l'*hexis*

Comme nous l'avons signalé tout à l'heure, *hexis* appartient déjà au vocabulaire philosophique de Platon. Aristote reçoit donc ce terme du fondateur de l'Académie, et en particulier de son dialogue le *Théétète.* Il en infléchit cependant le sens et la portée d'une façon qui demande maintenant à être appréciée.

On se souvient de la distinction introduite par Socrate, en *Théét.* 197 b, entre « avoir la science » (*epistèmès hexin*) et « avoir acquis la science » (*epistèmès ktèsin*). Cette distinction intervient à un moment où la fin du dialogue est proche et où l'entretien entre Socrate et Théétète porte sur l'opinion dite « droite ». Socrate s'avise alors qu'on n'a toujours pas déterminé ce que veut précisément dire « savoir » ; c'est pourquoi il propose, en guise de préalable méthodologique, de distinguer l'*hexis* de la *ktèsis.* Le jeune Théétète ne comprenant pas bien le sens de cette opération, Socrate lui suggère deux exemples, celui du vêtement et celui des oiseaux en cage. Examinons tout d'abord le premier :

> Eh bien, à moi, il n'apparaît pas que ce soit la même chose, avoir acquis et avoir (*tôi kektèsthai to ekhein*). Par exemple, si quelqu'un ayant acheté un manteau et en étant le propriétaire, ne le portait pas, nous ne dirions pas qu'il l'a, mais, qu'il l'a acquis, si, bien sûr. (197 b)

Par analogie, il s'ensuit que savoir, c'est comme porter effectivement le manteau que l'on avait acquis, c'est comme l'*avoir* (sur soi). Savoir est donc une *hexis active,* et non pas une simple acquisition passive, une *ktèsis.* Autrement dit, d'après ce premier exemple, la science s'avère être un exercice effectif, ou une activité réelle, c'est-à-dire ce qui s'appellera chez Aristote une *energeia.*

Le second exemple, exposé en 197 c-d, est plus complexe. Il s'agit du chasseur qui a capturé des colombes, donc qui les a « prises » (*kektètai,*

197 c 5) et qui les garde ensuite, littéralement, « sous la main » (*hypokheirious,* c 9) dans un colombier. Bien que ce chasseur *ait* bel et bien capturé les colombes, on ne peut pas véritablement dire, remarque Socrate, qu'il les *a* au sens de l'avoir-en-main. On ne peut en réalité dire que ceci : ce qu'il *a* effectivement c'est, et c'est seulement, « la possibilité (*dunamis*) de les saisir et de les avoir (*ekhein*) quand il le veut » (197 c 7-8).

Par analogie ici encore, on dira que savoir, c'est tout autre chose qu'une vague capacité, tout autre chose donc qu'une *dunamis* purement indéterminée. Savoir, c'est, ou bien *avoir en main* les connaissances que l'on a acquises et en faire un réel usage (*khrèsis*), ou bien avoir le *pouvoir effectif* de se saisir de ces connaissances parce qu'on les a déjà *sous la main*, exactement comme le possesseur des colombes dans le colombier a la possibilité *déterminée* de les saisir. Autrement dit, d'après ce second exemple, la science est soit un acte, soit une puissance polarisée dans un sens spécifique, c'est-à-dire une aptitude effective, bref, ce qu'Aristote thématisera comme *puissance seconde* ou, identiquement, comme *entéléchie première* – celle(s) par exemple, de l'homme effectivement instruit mais endormi, qui conserve entière son aptitude à actualiser, à son réveil, ses connaissances dans un domaine et dans un sens bien précis [1].

Voilà donc ce que signifie *hexis* chez Platon [2]. Dès lors, il devient clair que lorsqu'Aristote détermine, en *Metaph.* Δ, 20, le premier sens de l'*hexis* comme « une certaine activité (*energeia tis*) de ce qui possède et de ce qui est possédé », et lorsqu'il en donne pour exemple le vêtement que l'on *a,* au sens de l'avoir sur soi, il suit de très près les thèses développées dans le *Théétète.* Mais il associe néanmoins explicitement l'*hexis* à une certaine *energeia,* alors que Platon associait plutôt l'acquisition

1. Sur la question essentielle de la dualité de sens de la puissance et de l'entéléchie, *cf.* surtout *Phys.* VIII, 4, 255 a 30-b 5 ; *de An.* II, 5, 417 a21-b 2 ; *Metaph.* Θ, 6, 1048 a 32-b 4 ; ainsi que les bons commentaires de J. Moreau, *Aristote et son école,* Paris, P.U.F., 1962, p. 117 et p. 169 ; L. Couloubaritsis, *Aux origines de la philosophie européenne,* Bruxelles, De Boeck, 1992, p. 428-430.

2. Ce sens se retrouve, comme l'a montré J. Burnet, en *Philèbe,* 11 d, où l'*eudaimonia* est comprise, pour la première fois semble-t-il, comme une *hexis active* de l'âme. *Cf.* J. Burnet, *The Ethics of Aristotle,* edited with an introduction and notes, London, Methuen, 1900, p. 3 n. 3 ; A.-J. Festugière, *Contemplation et vie contemplative selon Platon,* Paris, Vrin, 1975⁴, p. 292 n. 8 : « L'*hexis* du *Philèbe* suppose une *khrèsis* [c'est-à-dire un usage effectif] ; elle équivaut à l'*energeia* d'Aristote » ; Gauthier-Jolif, *op. cit.,* II-1, p. 66 *ad* 1098 b 32-33 ; R.-A. Gauthier, *La Morale d'Aristote, op. cit.,* p. 70-71.

passive (la *ktèsis*) à la *dunamis* (passive elle aussi) pour les opposer toutes les deux à l'*hexis* active. Cette différence d'accent montre qu'Aristote, non seulement reprend le sens actif de l'*hexis* platonicienne, mais encore le *souligne* thématiquement en l'associant au concept d'*energeia,* ce que Platon, lui, ne faisait pas. De plus, et ce point est capital, l'*hexis* aristotélicienne ne s'oppose plus frontalement à la *dunamis,* comme c'était le cas dans le *Théétète* – où « l'avoir » effectif (l'*hexis* comme avoir en main) s'opposait à la « possibilité » issue de l'acquisition (l'avoir sous la main) –, puisqu'en effet Aristote, plus nuancé dans son analyse que son prédécesseur, fait droit à la « puissance seconde » en tant que modalité de l'*hexis* qui *prédispose dynamiquement* à l'acte par l'effet de ce qu'on peut appeler une rétention temporelle des acquis ou, plus simplement, une « aptitude ». C'est pourquoi Aristote remarque en *Éthique à Nicomaque* V, 1 que, si la *dunamis* est toujours puissance des deux contraires lorsqu'elle est encore indéterminée, ou première, il est en revanche des cas où

> une *hexis* qui produit un certain effet ne peut pas produire aussi les effets contraires : par exemple, en partant de la santé on ne produit pas les choses contraires à la santé, mais seulement les choses saines. (tr. fr. J. Tricot, 1129 a 14-17)

Certes, ce n'est pas toujours le cas, puisque la science du médecin, par exemple, celle qu'il « possède » actuellement, peut produire la guérison mais aussi la mort (dans l'hypothèse d'un médecin savant mais mal intentionné), mais il reste qu'une *hexis* morale ne produira jamais intentionnellement le contraire de l'acte qu'elle vise. L'indétermination foncière de la puissance première rode donc encore, en quelque sorte, dans les *hexeis* théorétiques (c'est ce qui explique qu'Aristote puisse soutenir en *Metaph.* Γ, 2 que c'est « l'intention », la *proairèsis,* qui fait le sophiste, et non son manque de science, ni même sa science, par elle-même axiologiquement indéterminée) ; mais cette indétermination est totalement étrangère aux *hexeis* éthiques et à la prudence. Comme Joseph Moreau l'écrit avec pertinence, la vertu aristotélicienne « exclut toute ambiguïté d'utilisation ; plutôt qu'à la médecine, également capable de ruiner ou de conserver la santé, c'est à la santé elle-même qu'elle est comparable »[1].

1. J. Moreau, *op. cit.*, p. 212.

Au bout du compte il apparaît que ce serait une erreur préjudiciable que de ne voir dans l'*hexis* qu'un état passif : la « possession » est bien plutôt ici un *port* actif, le port du vêtement par exemple, mais aussi bien le port de soi-même. On peut également dire qu'elle est une *tenue* : la tenue vestimentaire, mais aussi la tenue active de soi-même dans l'existence. Par conséquent, il n'est pas inapproprié, loin de là, de traduire *hexis*, dans le contexte éthique, par « tenue », comme l'a proposé Ingeborg Schüssler[1].

Mais, s'il en est ainsi, on ne peut que s'étonner de rencontrer, au chapitre I, 9 de l'*Éthique à Nicomaque,* un passage dans lequel Aristote *oppose* l'*hexis* à l'*energeia* et à « l'usage » effectif. Ce passage semble contredire ce que nous venons d'établir en suivant *Metaph.* Δ, 20, si bien qu'on se trouve devant une alternative : l'*hexis* est-elle donc active ou bien passive chez Aristote ? Le texte en question est celui-ci :

> Il y a sans doute une différence qui n'est certes pas négligeable, suivant que l'on place le bien suprême (*to ariston*) dans la puissance ou dans l'usage, dans un état habituel ou dans l'activité (*en hexei è energeiai*). En effet, l'état habituel peut fort bien ne produire aucun bien, tout en étant présent en nous, comme dans le cas de celui qui dort ou qui est inactif de quelque autre manière[2].

Il ne fait pas de doute que l'*hexis* est prise ici en un sens résolument passif, puisque l'argument est que le bonheur humain ne saurait consister simplement en une possession inactive de quelque bien. De plus, il s'agit là de la toute première occurrence d'*hexis* dans le texte de l'*Éthique à Nicomaque*... Que faut-il en penser ?

En fait, il n'y a pas d'alternative entre passivité et activité, car Aristote argumente ici *ad hominem,* contre précisément Speusippe et Xénocrate – c'est-à-dire contre deux platoniciens ! –, qui déterminent le bonheur comme « possession [passive] des biens » (*hexis agathôn* ou *ktèsis*). C'est donc l'*hexis* au sens de Speusippe et de Xénocrate qui s'oppose à l'*energeia,* et ce n'est ni l'*hexis* platonicienne ni celle aristo-

1. *Cf.* I. Schüssler, « La question de l'*eudaimonia* dans l'*Éthique à Nicomaque* d'Aristote », *Études Phénoménologiques,* 16-17, 1992-1993, 79-102 et 3-26.

2. *Eth. Nic.* I, 9, 1098 b 31 *sq.*

télicienne[1]. C'est là un point essentiel, et l'on ne saurait trop insister sur le sens *actif* de l'*hexis* aristotélicienne – ce que masquent en partie la traduction latine par *habitus,* et surtout les traductions par « état stable », voire « habitude » ou « manière d'être ». Bref, si la vertu peut être définie comme une *hexis,* et même comme une *hexis proairètikè* (*Eth. Nic.* II, 2, 1106 b 36), c'est-à-dire comme « habitude préférentielle » (J. Moreau), ou « état habituel qui dirige la décision » (Gauthier-Jolif), ou encore « disposition à agir d'une façon délibérée » (J. Tricot), ce n'est pas tant parce que la vertu morale est un état stable que parce qu'elle est, lorsqu'on la considère en tant que puissance seconde, une *tenue active du désir,* ou, lorsqu'on la prend comme acte, un certain *tranchant* de la décision. Sa stabilité est ainsi bien plus dynamique que statique : c'est la constance du désir ou le ferme maintien de ce qui a été décidé.

En résumé, on dira qu'Aristote joue, à propos de l'*hexis,* Platon contre les platoniciens (Speusippe et Xénocrate), ou qu'il effectue un « retour à Platon », si l'on peut s'exprimer ainsi, contre les platoniciens qui affaiblissent la notion d'*hexis*[2].

Maintenant, essayons de comprendre plus précisément pourquoi Aristote effectue ce retour à Platon. Pour cela il faut revenir aux enjeux du *Théétète* et montrer qu'ils se concentrent justement autour du sens de l'*hexis.* En effet, avant le passage auquel nous nous sommes référés tout à l'heure – celui où Socrate distingue « l'avoir » de « l'avoir acquis », l'*hexis* à la *ktèsis* – Protagoras lui-même avait déjà fait allusion à l'*hexis* (plus exactement, il l'avait fait par la bouche de Socrate, qui s'est offert à le « défendre » en son absence, *cf.* 166 a). Autour de cette notion se cristallise ainsi une bonne part des enjeux de ce dialogue sur le savoir.

Protagoras défend, dans les pages auxquelles nous nous rapportons à présent (166d *sq.*), sa doctrine de l'homme mesure de la vérité. Passons

1. *Cf.* A.-J. Festugière, *op. cit.,* p. 292; Gauthier-Jolif, *op. cit.,* II-1, p. 66; H.-H. Joachim, *Aristotle. The Nicomachean Ethics,* Oxford, Clarendon Press, 1951, p. 81-82.

2. Il ne faut donc pas maximiser le rôle de l'*ethos,* de l'habitude, dans la constitution de « l'état habituel » : certes, l'*ethos* joue son rôle dans l'*hexis* morale, tout comme l'étude (*mathèsis*) joue le sien dans l'*hexis* intellectuelle, mais la simple répétition passive ne forme pas davantage le caractère (l'*èthos*) que le rabâchage ne forme l'esprit. Sur le caractère nécessairement actif que l'habitude doit revêtir, *cf.* R.-A. Gauthier, *La Morale d'Aristote, op. cit.,* p. 71-72.

sur le fait, accessoire dans notre perspective, que c'est *Socrate* qui défend Protagoras, et qui se fait forcément par là même mesure de la vérité du discours d'un autre, alors que ce discours voudrait précisément que *chacun* soit la mesure de sa propre vérité ! Ce dispositif narratif est en somme déjà une réfutation en acte de la thèse protagoréenne. Mais laissons cela. La thèse dont Socrate se fait le porte-parole est celle-ci :

> Moi, j'affirme que la vérité, c'est ce que j'ai écrit : que mesure, en effet, est chacun de nous de ce qui est ou non (...) ; à qui est en état de faiblesse (*asthenounti*) apparaissent – c'est-à-dire sont – amères les choses qu'il mange, tandis que pour celui qui est en bonne santé (*hugiainonti*), ce qui est – c'est-à-dire ce qui apparaît –, c'est le contraire (...). Mais on doit opérer un changement dans l'un des deux sens, car, de ces deux dispositions [stables] (*hexis*), l'une est meilleure. Et de la même façon, dans l'éducation aussi (*en tèi paideiai*) on doit opérer un changement, d'une disposition donnée (*apo hexeôs*) à celle qui est meilleure. (tr. fr. M. Narcy, 166 d – 167 a)

La défense de Protagoras consiste, d'après ce passage, à *ancrer* l'opinion d'un chacun dans son *état* dispositionnel physique ou psychique, et –grâce au paradigme sous-jacent de la médecine – à justifier en même temps la *paideia* sophistique en montrant qu'elle produit un changement bénéfique du point de vue évaluateur : de même que le médecin peut faire passer le corps de l'état d'asthénie à l'état de bonne santé, de même Protagoras peut faire passer l'âme faible à un état meilleur pour elle et pour la cité. On voit que l'idée d'un ancrage ou d'un lest de l'opinion dans l'*hexis* va ici de pair avec celle d'évaluation et d'amélioration axiologique, et que le modèle de ce type de *paideia* est celui de la bonne santé – une santé rendue tout à la fois bonne et stable grâce au régime prescrit par le médecin hippocratique[1].

Il n'est sans doute pas faux de voir dans toute la suite du dialogue l'incessante tentative de Socrate pour fragiliser cette thèse sur la *paideia* sophistique, dont le cœur est le concept d'*hexis* au sens de *l'état.* Le point culminant sera bien entendu atteint dans le passage par lequel nous avons commencé, puisque c'est là que l'*hexis* platonicienne finira par *s'opposer* franchement à tout état passif de possession (que Platon

1. Voir en particulier, dans la Collection hippocratique, le traité *Du Régime,* I, 32, 1. Le paradigme médical est prégnant dans l'ensemble du discours prêté à Protagoras (jusqu'en 167 d).

nommera la *ktèsis*) pour devenir une « prise en main » effective, par l'âme, de ses connaissances et, ultimement, *d'elle-même.*

Il ne semble pas erroné non plus de soutenir qu'au début du chapitre Δ, 20 de sa *Métaphysique,* Aristote ne fait guère que thématiser à nouveau tout cela dans la formule qui définit l'*hexis* comme « une certaine activité (*energeia tis*) de ce qui possède et de ce qui est possédé ». Il s'ensuit que, si Aristote revient à Platon, contre les platoniciens ultérieurs, c'est pour parer à une réelle déviance du platonisme : pour parer à la déviance doctrinale qui ramène Speusippe et Xénocrate sur le terrain de Protagoras, à savoir sur le terrain de l'*état.* Car sur ce terrain-là aucune perfection *de soi* n'est possible, mais seulement des améliorations des contenus sous la conduite d'un expert. Autrement dit, si la perfection ou l'accomplissement doit se jouer dans la tenue, bien plus que dans les contenus, il faut que l'*hexis* soit :

– ou bien un certain acte déterminant, une *energeia* dont la manière, bien plutôt que la matière, soit familière au sujet;

– ou bien une inclination stable vers cet acte, une *dunamis* seconde.

Cet acte ou cette inclination sont répétitifs et habituels, si l'on veut, dans la mesure où ils ne doivent pas être seulement passagers. Mais leur répétition devra conserver à chaque fois son tranchant et sa vigueur, c'est-à-dire son *energeia* ou sa tendance vers elle, tant il est vrai qu'*energeia* est, chez Aristote, le nom le plus approprié de l'être. Pour l'ensemble de ces raisons, l'*hexis* aristotélicienne semble finalement très proche de « l'habitualité » husserlienne comprise comme pouvoir de fonder ses actes en *habitus* réitérés; même si, assurément, Aristote reste très évasif sur les questions de temporalité qui retiendront longuement Husserl, et même si l'habitude, l'*ethos,* paraît constituer souvent encore, chez lui, le fond passif de l'*hexis* (surtout lorsqu'il l'oppose, comme état stable, à la *diathèsis* passagère).

Quoi qu'il en soit de telles limites, l'*hexis,* telle qu'Aristote nous la présente, porte en elle une *conception dynamique vectorielle de l'être.* Il faut entendre par là une conception de l'être en tant que tension vers (et intention de) cet accomplissement bien déterminé que représente, en chaque situation, l'*energeia* (ou l'entéléchie seconde) *conjointe* du sujet et de l'objet. C'est un point dont on trouve l'intuition dans ces quelques lignes de René-Antoine Gauthier :

> Si Aristote, après Platon, affirme l'existence de cet intermédiaire entre la puissance [indéterminée] et l'acte qu'est l'état habituel [*sc.* l'*hexis*], c'est qu'à ses yeux l'acte, une fois posé, ne disparaît pas tout entier : il laisse dans la puissance sa trace, et cette trace n'est pas, comme le pli qui reste dans le papier, usure et amoindrissement ; elle est surcroît et enrichissement. La puissance en s'exerçant se dispose à s'exercer mieux [1].

Le point central est bien là en effet : l'*hexis* ne permet pas seulement à un acte de se répéter, et donc de s'exercer à nouveau grâce aux vertus formatrices bien connues de l'habitude, mais, en le polarisant activement, elle le conduit à s'exercer *mieux*, d'une part, et elle le conduit aussi, d'autre part, à réaliser conjointement l'accomplissement de son objet selon une typique déterminante. Par exemple, toute *hexis* morale favorise la constance du comportement subjectif, mais *aussi*, simultanément, la détermination typique comme « juste milieu » du but intentionnellement visé en chaque cas spécifique, c'est-à-dire sa détermination comme excellence critique entre deux défauts adverses (qu'il s'agisse de justice, de courage, de libéralité, etc.). De même, toute *hexis apodeiktikè* théorétique, c'est-à-dire toute « disposition stable à démontrer », tend à accroître le sérieux de l'étude et la constance dans la recherche scientifique des causes de l'objet étudié, et elle tend *aussi* à spécifier de mieux en mieux ce qui, dans cet objet, relève d'une typique de la nécessité, autrement dit ce qui constitue le « connaissable » comme tel.

Cette convenance réciproque, qui est caractéristique de l'*hexis* aristotélicienne, impose par conséquent le primat de ce que l'on pourrait appeler un *principe de limitation régionale* : conformément à ce principe, toute « manière d'être » ordonne sa propre excellence à son objet, et elle le fait exactement dans la mesure où son objet s'ordonne conjointement à elle. Aussi Thomas d'Aquin n'a-t-il pas craint d'écrire dans sa *Somme théologique,* en forçant quelque peu le trait, que « l'*habitus* n'est pas une disposition de l'objet à la puissance, mais plutôt une disposition de la puissance à l'objet » (I-II, *q.* 50, *a.* 4) ; ou bien encore, avec plus de nuance cette fois, que « les actes diffèrent entre eux suivant la diversité des objets [...], mais les *habitus* sont certaines dispositions envers les actes ; donc les *habitus* aussi se distinguent suivant leurs divers objets » (*q.* 54, *a.* 2).

1. *La Morale d'Aristote*, *op. cit.*, p. 72.

Bien évidemment, l'enjeu métaphysique de ce principe de limitation régionale est considérable, puisqu'il y va, tout simplement, avec lui de l'impossibilité de ce qui deviendra la *mathesis universalis* ! Chaque *hexis apodeiktikè* se voit en effet ainsi régionalement limitée et ajustée à son objet – plus exactement, à l'*eidos* de son objet. Sur ce point on ne peut que renvoyer aux travaux décisifs dans lesquels Jean-Luc Marion a montré comment Descartes a accompli, dès la première de ses *Règles pour la direction de l'esprit*, « une tâche considérable : inverser le centre de gravité de la relation du savoir à ce qu'il sait »[1], et que cela imposait nécessairement de libérer la « sagesse humaine » du joug eidétique de l'*hexis*. D'où la lettre même de la première *Règle* cartésienne :

> Les études doivent avoir pour but de donner à l'esprit (*ingenium*) une direction qui lui permette de porter des jugements solides et vrais sur tout ce qui se présente à lui (...). Car, toutes les sciences n'étant rien d'autre que la sagesse humaine, qui reste une et la même quelle que soit la différence des objets auxquels on l'applique, et qui ne leur emprunte pas plus de distinctions que la lumière du soleil n'en emprunte à la variété des choses qu'il éclaire, il n'est besoin d'imposer aux esprits aucune limite.

En clair, et nous conclurons sur ce point qui a été déterminant pour l'histoire de la métaphysique, la « méthode » et la *mathèsis* cartésiennes supposent l'abandon radical de l'*hexis apodeiktikè* aristotélicienne au profit d'un savoir universel dans sa forme – autrement dit, au profit d'un savoir qui ne se modèle plus sur aucune « science particulière », mais qui accroît simplement « la lumière naturelle de [notre] raison »[2]. De ce point de vue, la dynamique de l'*hexis* a bel et bien constitué l'exacte antithèse métaphysique de l'ordre méthodique cartésien.

1. *Cf.* J.-L. Marion, *L'Ontologie grise de Descartes. Science cartésienne et savoir aristotélicien dans les Regulae*, Paris, Vrin, 1975 (texte cité, p. 25).

2. Cf. *Règle I, in fine* : « Si quelqu'un donc veut sérieusement rechercher la vérité, il ne doit pas faire choix d'une science particulière : elles sont toutes unies entre elles et dépendantes les unes des autres. Qu'il pense seulement à accroître la lumière naturelle de sa raison, non pour résoudre telle ou telle difficulté d'école, mais pour que, dans chaque circonstance de sa vie, son entendement montre à sa volonté ce qu'il faut choisir. » Il faut, bien entendu, comprendre que les « circonstances de [la] vie » sont devenues *inessentielles* pour la direction de l'*ingenium*.

APPENDICE

HEIDEGGER ENTRE PLATON ET ARISTOTE

ONTOLOGIE FONDAMENTALE, SOPHISTIQUE ET POLITIQUE (DE « L'IMPENSÉ » À « L'INCOMPRÉHENSIBLE »)

La publication d'une partie des cours de Marbourg permet aujourd'hui d'analyser à partir d'une base textuelle nouvelle le rapport de Heidegger à la philosophie grecque dans les années qui précédèrent son retour à Fribourg, la parution de *Sein und Zeit* et le Rectorat. Tirant parti de ces textes, nous avons montré dans un ouvrage antérieur que l'herméneutique du jeune Heidegger ontologise fortement les thèses métaphysiques d'Aristote pour les utiliser dans le cadre d'un projet général de critique du discours catégorial et de la logique attributive[1]. Que penser, cependant, de l'interprétation heideggérienne de la philosophie éthico-politique grecque? Nous ne disposions, jusqu'à une date très récente, que de brèves remarques incidentes, contenues principalement dans le *Discours de Rectorat* (où la *theôria* est conçue comme la plus haute forme de la *praxis*) et dans l'*Introduction à la métaphysique* (opposition de la *doxa* tragique, la « gloire », la « considération » dont on jouit sur la scène sociale, à la *doxa* sophistico-platonicienne, et commentaire du premier chœur de l'*Antigone* de Sophocle). Cette situation a été profondément modifiée par la redécouverte et la publication, en 1989, du « Rapport Natorp » (*Phänomenologische Interpretationen zu Aristo-*

1. Voir P. Rodrigo, *Aristote, l'eidétique et la phénoménologie,* Grenoble, Millon, 1995, p. 167-202.

teles) et par la parution, en 1992, du tome dix-neuf de la *Gesamtausgabe* (*Platon : Sophistes*). Dans les pages qui suivent nous nous intéresserons surtout au second ouvrage, qui nous paraît constituer le terrain idéal pour une enquête sur les rapports entre l'ontologie fondamentale et la pensée politique grecque. Nous nous demanderons en particulier si la sophistique a pu représenter, pour le jeune professeur de Marbourg, la possibilité d'un « autre commencement » de la (et de *sa*) réflexion politique.

Heidegger a-t-il pensé la sophistique ? Heidegger a-t-il véritablement entendu les sophistes ? Nous ne posons pas ces questions, dont la portée politique sera précisée dans un instant, du simple point de vue d'une histoire des idées – point de vue « objectif » dont l'herméneutique heideggérienne ne tient, comme on le sait, que fort peu compte[1]. Nous les posons en considération de ce que Heidegger lui-même a appelé « penser » et « entendre ». Entendre une pensée n'est aucunement facile, il y faut, peut-on lire dans *Was heisst Denken ?,* une condition, qui est

> que nous laissions venir à nous ce que chaque penseur a pensé comme quelque chose qui est toujours unique, qui ne revient jamais, que l'on n'épuise pas, et ce de telle sorte que l'impensé dans leur pensée nous déconcerte (...). L'impensé est le don le plus haut que puisse faire une pensée. Mais pour les évidences du bon sens humain, l'impensé d'une pensée demeure tout simplement l'incompréhensible. Toutefois, l'incompréhensible ne devient jamais pour le bon sens humain l'occasion de douter de ses possibilités de compréhension, et même de devenir conscient de ses limites[2].

Si c'est bien cela, penser; si c'est bien *s'exposer à* une tradition passée jusqu'à en être déconcerté et jusqu'à douter de ses propres possibilités de compréhension, ou encore, si tel est bien le sens philosophique de ce « dialogue avec les morts » auquel un oracle invita, s'il faut en

1. On peut citer, parmi de nombreux textes, ce passage de *Was heisst Denken ?* : « L'aspect purement historique de la tradition et du cours de l'histoire appartient à ces illusions lourdes de conséquences dans lesquelles il faut que nous demeurions pris aussi longtemps que nous ne pensons pas encore véritablement. Cette illusion sur l'histoire nous empêche d'entendre la langue des penseurs » ([1951-1952], p. 117). *Cf.* aussi [1922], p. 17–20; A. Boutot, « L'interprétation heideggérienne du *Sophiste* de Platon », dans *Études sur le* Sophiste *de Platon*, P. Aubenque (éd.), Napoli, Bibliopolis, 1991, p. 535-559, (*cf.*, p. 537-538) – Les œuvres de Heidegger citées dans cet Appendice sont référencées aux p. 153-154. La pagination entre [ ] renvoie à l'édition originale ; sinon elle renvoie, comme ici, à la traduction française.

2. M. Heidegger [1951-1952], p. 118.

croire les doxographes, Zénon de Cittium, alors on doit reconnaître que Heidegger *n'a pas* entendu les sophistes. Il en est resté à leur propos aux évidences d'un certain bon sens philosophique, à une certaine *doxa*. Et il ne faut même pas dire que cette *doxa* est directement inspirée de Platon, car, comme nous allons le montrer, le maître de l'Académie *expose* en vérité, dans le *Sophiste*, la philosophie au danger le plus extrême de la sophistique, alors que Heidegger amoindrit considérablement le risque encouru par la philosophie, en évitant soigneusement, dans son commentaire suivi de ce dialogue, d'entendre les échos *politiques* du débat entre le philosophe et le sophiste.

Il y a donc eu, pour Heidegger, de « l'incompréhensible » dans la sophistique. La conséquence en est qu'en s'en tenant, avec le « bon sens » commun en philosophie, à cet incompréhensible, Heidegger a manqué dans les années 1920-1930, et en particulier lorsqu'il a étudié le *Sophiste* et l'*Éthique à Nicomaque*, « l'occasion (...) de devenir conscient [des] limites » éthiques et politiques de sa pensée.

Avant d'en venir au cours du semestre d'hiver 1924-1925 proprement dit, examinons tout d'abord quel sens général Heidegger reconnaît à la sophistique. Nous ne pouvons guère citer, sur cette question, que deux textes, et encore convient-il de remarquer que ces deux textes se répètent pratiquement mot pour mot : il s'agit d'une longue note sur Protagoras ajoutée à la conférence intitulée « L'époque des conceptions du monde » [1] et de quelques pages du second tome du *Nietzsche* consacrées à « La proposition de Protagoras » [2]. On lit dans ces deux passages :

> La sophistique n'est possible que sur le fond de la *sophia* [variante du *Nietzsche II* : « La sophistique, dont Protagoras passe pour le penseur qui la dirige, n'est possible que sur le fond et comme forme dérivée de la *sophia*], c'est-à-dire de l'acception grecque de l'être comme présence et de la vérité, en tant que *alètheia*, comme non-occultation » [3].

1. *Cf.* M. Heidegger [1938], note 8, p. [100-104] = 92-95.
2. *Cf.* M. Heidegger [1936-1946], II, p. [135-141] = II, 110-114.
3. M. Heidegger [1938], p. [103] = 94 : *Die Sophistik ist nur möglich auf dem Grunde der sophia, d. h. der griechischen Auslegung des Seins als Anwesen und der Wahrheit als Unverborgenheit*; et [1936-1946], II, p. [139-140] = II, p. 113 : *Die Sophistik, zu der Protagoras als ihr führender Denker gezählt wird, ist nur möglich auf dem Grunde und als Abart der sophia, uzw.*

Qu'est-ce à dire ? Premièrement, que seul Protagoras, considéré dans le cours sur Nietzsche (conformément, rappelle Heidegger, à une opinion courante sur les sophistes) comme le chef de file d'un courant de pensée sophistique unifié, paraît mériter d'être explicitement nommé et commenté. Deuxièmement, que Heidegger ne s'intéresse qu'à la proposition protagoréenne sur « l'homme-mesure » et, corrélativement, au fragment B 4 sur les dieux. Troisièmement enfin, et nous touchons ici à l'essentiel, que Protagoras est un penseur *grec*, c'est-à-dire qu'il pense l'homme dans l'horizon de compréhension grec, et non pas moderne, de ce que sont l'être et la vérité. C'est pourquoi, précise Heidegger, il nous faut nous déprendre de

> l'illusion (*Täuschung*) que Protagoras serait pour ainsi dire le Descartes de la métaphysique grecque (...), de même que l'on [pourrait] avancer que Platon était le Kant de la philosophie hellénique et Aristote le Thomas d'Aquin de cette philosophie [1].

Il faut par conséquent rendre Protagoras, comme d'ailleurs Platon et Aristote, à l'époque *grecque* de l'histoire de l'être, en refusant tout amalgame avec la modernité post-cartésienne. Heidegger affirmera donc que :

> Toute espèce de subjectivisme est impossible dans la sophistique grecque, parce que l'homme n'y peut jamais être sujet ; et il ne saurait le devenir, parce que l'être est ici présence, et la vérité non-occultation [2].

Pour ce Grec qu'est Protagoras et pour ces Grecs que sont les sophistes, le monde n'est donc pas une représentation pensée, un *Bild*, et la vérité ne réside pas dans la certitude de la pensée. Pour ces Grecs, le monde est ce qui *de soi-même* se présente en une présence phénoménale que l'homme se voit assigné à recueillir, à *mesurer* par le *logos*, en prenant garde à ne pas occulter ce qui ainsi se présente à lui.

> Voilà pourquoi cet homme, pour accomplir son assignation, doit rassembler ce qui s'ouvre en son ouverture (*legein*), le sauver (*sôzein*) et

1. M. Heidegger [1936-1946], II, p. [141] = II, 114.

2. M. Heidegger [1938], p. [104] = 95 : *Jeder Subjektivismus ist in der griechischen Sophistik unmöglich, weil hier der Mensch nie Subjectum sein kann; er kann dies nicht werden, weil das Sein hier Anwesen und die Wahrheit Unverborgenheit ist.*

> le maintenir dans un pareil recueil tout en restant exposé aux déchirements du désarroi (*alètheuein*)[1].

Dès lors, si la *sophia* grecque nomme bien la correspondance entre la pensée et ce qui se présente à elle (c'est-à-dire si elle est exactement ce que Parménide a en vue lorsqu'il dit : « Ils sont le même, penser et être »), alors Protagoras n'est effectivement compréhensible que « sur le fond de la *sophia* » et comme « forme dérivée de la *sophia* » présocratique. Par voie de conséquence, en acceptant la double réduction heideggérienne des sophistes à Protagoras et de Protagoras lui-même à sa thèse sur « l'homme-mesure », on est conduit à ne concevoir la sophistique que comme une certaine continuation déterminée du *passé de notre passé*, ou de l'*arkhè* présocratique de l'*arkhè* grecque.

Selon Heidegger, la sophistique serait donc prise deux fois entre passé et modernité : une première fois, entre l'époque grecque de l'histoire de l'être et son époque moderne, une seconde fois, entre le passé de la pensée grecque (les présocratiques) et la modernité de cette pensée (les philosophes classiques). Dès lors, si dans l'opposition des Grecs aux Modernes Protagoras peut encore porter témoignage du moment grec de l'être et de la vérité, dans l'opposition des présocratiques grecs aux philosophes grecs il ne représente plus rien *en propre* : il n'est plus le représentant d'un moment époqual de l'histoire grecque de l'être. *Après Parménide et Héraclite, et avant Platon et Aristote, la sophistique ne fait pas époque dans l'histoire de l'être.*

Cela constitue une première exclusion du sophiste, qui n'aura finalement servi que de relais ou de transition dans l'époque grecque de l'histoire de l'être. Pourtant, le sophiste n'est pas plus facile à congédier qu'à capturer. « Chasser le sophiste » est déjà, si l'on veut, une formule sophistique à double sens : lorsqu'on part en chasse du sophiste, on en perd bien souvent la trace, *et* à l'inverse, lorsqu'on pense l'avoir congédié, déjà il revient. S'agissant de Heidegger, le sophiste fait retour, en particulier, dans *Sein und Zeit*.

On sait que *Sein und Zeit* s'ouvre par une dédicace à Husserl : « À Edmund Husserl, en témoignage de vénération et d'amitié », mais il n'est

1. *Ibid.*, p. [89] = 82 : *Deshalb muss dieser Mensch, um sein Wesen zu erfüllen, das Sichöffnende in seiner Offenheit sammeln (legein) und retten (sôzein), auffangen und bewahren und aller sich aufspaltenden Wirrnis ausgesetzt bleiben (alètheuein).*

peut-être pas superflu de rappeler qu'on lit à la page suivante, juste avant l'Introduction générale de l'ouvrage, cet exergue extrait du *Sophiste* de Platon :

> Car manifestement, vous êtes bel et bien depuis longtemps familiers de ce que vous visez à proprement parler lorsque vous employez l'expression « étant »; mais pour nous, si nous croyions certes auparavant le comprendre, voici que nous sommes tombés dans l'embarras [1].
> « Avons-nous aujourd'hui », ajoute alors Heidegger, « une réponse à la question de savoir ce que nous entendons à proprement parler par le mot "étant" ? Nullement. Ainsi, il s'impose de poser à neuf *la question du sens de l'être.* » [2]

L'ensemble du propos de *Sein und Zeit* est donc présenté *à la fois* comme le développement des possibilités ouvertes par la phénoménologie de Husserl (c'est le sens de la dédicace) *et* comme une reprise de l'aporie rencontrée par Platon dans le *Sophiste* (c'est le sens de l'exergue). La nécessité d'affronter à nouveau « l'embarras » de Platon est, par ailleurs, soulignée une autre fois dès les premiers mots de l'Introduction générale :

> La question <de l'être> est aujourd'hui tombée dans l'oubli, quand bien même notre temps considère comme un progrès de réaffirmer la « métaphysique ». Néanmoins, l'on se tient pour dispensé des efforts requis pour rallumer une nouvelle *gigantomakhia peri tès ousias* [3].

On reconnaît ici une citation explicite du *Sophiste*, plus précisément de la page 246 a, où Platon évoquait en termes quasi mythologiques la « bataille de géants pour l'être » qui oppose les « Fils de la Terre » aux « Amis des Formes » [4]. Il ne fait donc aucun doute que *Sein und Zeit* se comprend, dans l'esprit de Heidegger lui-même, comme une double « répétition » (*Wiederholung*) : celle du commencement husserlien *et* celle de l'embarras des grecs devant ce qu'est l'étant – puisqu'en effet la question : « Qu'est-ce que l'étant ? » (*Ti to on;*) a tenu en haleine Platon et

1. Platon, *Sophiste,* 244 a 6-8.

2. M. Heidegger [1927], p. [1] = 27 : *Haben wir heute eine Antwort auf die Frage nach dem, was wir mit dem Wort "seiend" eigentlich meinen ? Keineswegs. Und so gilt es denn,* die Frage nach dem Sinn von Sein *erneut zu stellen.*

3. *Ibid.*, § 1, p. [2] = 27. *Cf.* A. Boutot, art. cit., p. 539-543.

4. L'allusion à la *Théogonie* d'Hésiode est transparente, *cf.* sur ce point N.-L. Cordero, *Platon. Le Sophiste,* Paris, GF-Flammarion, 1993, p. 246 n. 227; A. Diès, *Platon. Le Sophiste,* Paris, Les Belles Lettres, 1969, p. 352 n. 1.

Aristote tout en commençant « aussi, à vrai dire, avec eux et à partir d'eux à se taire » (*um freilich auch von da an zu verstummen*) [1].

Le sens heideggérien de la *Wiederholung* demande cependant à être rapidement clarifié pour éviter toute méprise. Un bon point de départ peut être fourni par un texte qui représente une sorte de modèle de l'auto-interprétation, à savoir « L'Entretien avec le Japonais » publié dans le recueil *Unterwegs zur Sprache*, entretien où les questions de celui que Platon eût nommé « l'Étranger » sont, en fait, autant d'occasions pour Heidegger de réinterpréter d'une manière extrêmement unifiante son trajet depuis les années 1920. C'est dans ce contexte auto-interprétatif que le sens de la *Wiederholung* est clarifié :

> (...) l'on tient pour établi que votre pensée a pour seul but un retour à la pensée grecque, si ce n'est même à la pensée présocratique.
> – Cette opinion est évidemment une sottise ; et pourtant elle a quelque chose de juste. (...)
> – Qu'en est-il donc de votre rapport à la pensée des Grecs ?
> – Notre pensée d'aujourd'hui a pour tâche de prendre ce qui a été pensé de façon grecque pour le penser d'une façon encore plus grecque (*das griechisch Gedachte noch griechischer zu denken*) (...). S'engager à penser cet impensé, cela veut dire entreprendre plus originellement ce qui a été pensé de façon grecque, le prendre en vue dans sa provenance [2].

Wiederholen, « répéter », c'est donc aller avec les Grecs – dans leur sens, pourrait-on dire – vers l'origine du sens, ou vers la chose même qu'ils ont pensée, afin de la penser plus originellement qu'ils ne l'ont fait. On voit par là que la « répétition », qui n'est pas un retour nostalgique à la Grèce, consiste aussi à amorcer résolument *notre* propre travail philosophique *aujourd'hui* [3]. En ce sens, être résolument grec, c'est du même coup, pour paraphraser Rimbaud, être « résolument moderne ». Or, être résolument moderne, c'est, pour Heidegger, être résolument *phénomé-*

1. M. Heidegger [1927], p. [2]. La question ne s'est pas tue « après » Platon et Aristote (tr. E. Martineau), ni seulement « à partir de là » (tr. Fr. Vezin), mais déjà *aussi* (*auch*) avec eux. Platon et Aristote participent donc *aussi bien* du voilement *que* du dévoilement de la question du sens de l'être ; cela a été fermement souligné par G. Granel, *Traditionis traditio,* Paris, Gallimard, 1972, p. 116 n. 1, et J.-F. Courtine, *Heidegger et la phénoménologie,* Paris, Vrin, 1990, p. 140.

2. M. Heidegger [1950-1959], p. [126-127] = 124-125.

3. *Cf.*, en particulier, M. Heidegger [1922], p. 17-20.

nologue[1]. Ce point est très clairement exposé dans le cours de 1927, contemporain de la publication de *Sein und Zeit*, consacré à l'examen des *Problèmes fondamentaux de la phénoménologie* :

> Non seulement nous voulons, mais nous devons nécessairement comprendre les Grecs mieux qu'ils ne se comprenaient eux-mêmes. C'est à cette seule condition que nous prendrons effectivement possession de l'héritage. Ce n'est qu'à ce moment-là que notre propre recherche phénoménologique cessera d'être un rapiéçage, une altération arbitraire, une amélioration ou une détérioration[2].

Cette thématique de la double *Wiederholung* revient avec insistance dans les cours de la période 1920-1930. On peut dire qu'elle acquiert dans ces cours le statut de principe de l'herméneutique tout entière, et qu'elle ne va pas sans une violence interprétative manifeste. Nous avons analysé ailleurs quelques exemples de cette violence herméneutique relatifs à la lecture d'Aristote[3], et nous aurons tout à l'heure à y insister à nouveau à propos de l'interprétation de certains passages essentiels du *Sophiste*, notons seulement pour l'instant qu'il est arrivé à Heidegger de la revendiquer en des termes qui ne sont pas sans évoquer directement, une fois encore, ce dialogue platonicien :

> Tel est, dans l'histoire de tout ce qui est essentiel, le privilège, mais aussi la responsabilité des descendants : il leur faut être les meurtriers de leurs devanciers et se soumettre eux-mêmes au destin d'un meurtre nécessaire[4] !

Nous disions que le sophiste fait retour dans *Sein und Zeit* et dans les textes contemporains, il est maintenant permis d'être plus précis :

D'une part, le sophiste fait retour par l'entremise du dialogue éponyme de Platon, puisque la « gigantomachie », « l'embarras » au sujet

1. Voir R. Brague, « La phénoménologie comme voie d'accès au monde grec », dans *Phénoménologie et métaphysique*, J.-L. Marion et G. Planty-Bonjour (éd.), Paris, P.U.F., 1984, p. 247-273.

2. M. Heidegger [1927-2], p. [157] = 141-142.

3. *Cf.* P. Rodrigo, *op. cit.*, p. 178 : à propos de la formule *hè dunamis kata kinèseôs* forgée par Heidegger lui-même et substituée à celle, aristotélicienne, de *dunamis epi pleon* (cf. *Métaph.* Θ, 1, 1046 a 1-2; M. Heidegger [1931], p. [53] *sq.* = 61 *sq.*). *Cf.* aussi *ibid.*, p. 197-201 : à propos de l'expression non aristotélicienne *ho nous aneu logou*, par laquelle Heidegger radicalise l'opposition *nous / logos apophantikos* (*cf.* M. Heidegger [1922], p. 40-41 ; [1924-1925], p. [179-180]).

4. M. Heidegger [1930], p. [37] = 45.

de l'étant et le « parricide » constituent autant d'emprunts à ce dialogue. Il semble donc que le projet résolument « phénoménologique » (au sens que Heidegger donne à ce terme) consistant à questionner la provenance de l'*ontologie* grecque implique nécessairement une relecture du *Sophiste* de Platon : c'est la tâche dont s'acquitte le cours de 1924-1925.

D'autre part, et d'une façon sans doute plus souterraine, la *Wiederholung* heideggérienne se conçoit elle-même comme une lutte contre une forme *moderne* de la sophistique. Ainsi, lorsque Heidegger se défend de professer une remise des Grecs au goût du jour, il écrit :

> Nous ne prétendons remettre à neuf ni Aristote, ni l'ontologie médiévale, ni Kant ni Hegel, mais c'est nous-mêmes que nous voulons renouveler *en nous délivrant de la phraséologie facile* d'un présent qui, pris de vertige, passe d'une mode écervelée à une autre [1].

De cette « phraséologie », qui est celle du néo-kantisme, du néo-hégélianisme, voire d'un néo-aristotélisme, Heidegger dira encore, dans la *Lettre sur l'humanisme* :

> On ne pense plus, on s'occupe de « philosophie ». Dans le jeu de la concurrence, de telles occupations s'offrent au domaine public sous formes d'...ismes et tendent à la surenchère [2].

Tout y est, sauf le mot : de la logologie à la flatterie du « on » public, de la surenchère des écoles à la polymathie affirmée par chaque prétendant au succès, c'est bien du « vertige » sophistique qu'il s'agit là [3]. Et c'est pourquoi *Sein und Zeit* s'ouvre par une citation du *Sophiste*.

Venons-en au cours sur le *Sophiste*. Son premier paragraphe s'intitule : « La nécessité d'une double préparation à l'interprétation des

1. M. Heidegger [1927-2], p. [142] = 129 (nous soulignons).

2. M. Heidegger [1946], p. 80.

3. Heidegger s'est exprimé clairement en une occasion au sujet de la « sophistique » moderne. Cette occasion lui fut donnée dans son cours *De l'essence de la liberté humaine* lorsqu'il opposa sa propre démarche (: « Au fil conducteur de la question [particulière] de l'essence de la liberté humaine, nous avons le droit de, et même nous *devons* risquer une véritable introduction à la philosophie en son tout », [1930], p. [14] = 22) à « ce procédé favori qui consiste à plier à n'importe quel cadre tout ce qui existe en matière de questions philosophiques et à parler à partir de là de tout et de n'importe quoi sans *questionner* réellement, <procédé qui> est le contraire d'une introduction à la philosophie, <qui est> autrement dit une apparence de philosophie, une *sophistique* » (*ibid.*, p. [14-15] = 23).

dialogues de Platon. »[1] Heidegger y précise les exigences herméneutiques d'une lecture résolument grecque *et* phénoménologique. Dans cette perspective, il importe en premier lieu de retrouver la *problématicité*, aujourd'hui occultée, des thèmes abordés par Platon dans le *Sophiste*. Ces thèmes sont tout d'abord simplement énumérés : « Être et non-être, vérité et apparence, connaissance et opinion, énoncé et concept, valeur et non-valeur », puis Heidegger ajoute :

> Ce sont des concepts fondamentaux (*Grundbegriffe*) que chacun comprend pour ainsi dire par simple ouï-dire (*beim nächsten Hörensagen*), de sorte qu'on pense qu'il s'agit de concepts évidents (*selbstverständliche Begriffe*) au sujet desquels il n'y a rien à ajouter[2].

Une herméneutique authentique n'est bien entendu possible que si cette évidence du « ouï-dire » et de la conversation banale est remise en cause. D'où les deux préparations indispensables pour *lire* Platon :

> Il faut se demander *comment* des « objets spécifiques » (*eigentümliche Gegenstände*) tels que l'être et le non-être, la vérité et l'apparence, etc., peuvent d'une façon générale devenir « manifestes » (*sichtbar*). Ce type de question est essentiellement « phénoménologique », puisqu'il demande *comment* l'objet se présente à nous. Nous nous préparons ainsi à reconnaître que, quelle que soit l'évidence de tel concept bien connu, la chose elle-même n'est pas nécessairement donnée avec évidence[3].

Il faut en outre, et c'est la seconde préparation à l'herméneutique, ne pas aborder le passé d'un point de vue banal; il faut se demander ce qu'est exactement une « tradition ». Heidegger nomme ce préalable : « historico-herméneutique », et en explicite l'idée directrice :

> nous sommes ce passé lui-même.(…). Comprendre l'histoire ne peut rien vouloir dire d'autre que ceci : c'est nous comprendre nous-mêmes, non pas au sens où nous pourrions constater ce qu'il en est de nous, mais au sens où nous faisons l'expérience de ce que nous *devons* (*was wir* sollen). S'approprier un passé signifie se savoir soi-même en dette

1. M. Heidegger [1924-1925], p. [7] : *§ 1. Die Notwendigkeit einer doppelten Vorbereitung der Interpretation platonischer Dialoge*. Nous traduisons, ici et dans l'ensemble de cet appendice, les textes cités de *G.A. 19*.

2. *Ibid.*

3. Cf. *ibid.*, § 1a : *Philosophisch-phänomenologische Vorbereitung. Methode und Absicht der Phänomenologie*, p. [8-10].

vis-à-vis de lui (*sich selbst gegenüber dieser Vergangenheit in der Schuld wissen*)[1].

En ce sens, philosopher signifie expérimenter la possibilité d'*être soi-même l'histoire*, ou encore la possibilité d'être *eine geistige Existenz*, « une existence spirituelle ». Philosopher, c'est expérimenter que la philosophie *se vit*. Telle est la condition préalable pour « pénétrer (*eindringen*) dans l'authentique travail philosophique de Platon »[2]. En résumé, philosopher vraiment, c'est nous comprendre nous-mêmes en faisant l'expérience de notre dette envers le passé que, de toute façon, nous sommes (authentiquement ou non). Par là même, philosopher, savoir et vivre, c'est tout un, et il y va fondamentalement d'une *praxis* : *Wissenschaft und Leben*, écrit Heidegger, veut dire *wissenschaftliche Existenz*[3].

Mais, comment commencer à lire Platon ? Comment retrouver aujourd'hui le sens grec des *questions* grecques de Platon ? Heidegger répond à ces questions préparatoires à sa lecture en évoquant « le principe fondamental de l'herméneutique »[4], qui est de procéder en allant du plus clair au plus obscur (c'est-à-dire, dans les termes d'Aristote, du « plus clair pour nous » au « plus clair absolument »[5]). Or, concernant la nature et le sens des *questions* philosophiques de Platon, d'où nous vient de prime abord la clarté ? Pour surprenante qu'elle puisse paraître la réponse de Heidegger est parfaitement cohérente avec sa thèse centrale de l'oubli de la problématicité du sens grec de l'être : le plus clair pour nous au sujet des interrogations de Platon est encore ce qu'Aristote nous en a transmis :

> Nous supposons qu'Aristote a compris Platon (...). Si nous voulons pénétrer dans la philosophie de Platon [c'est-à-dire dans sa problématicité], nous aurons à prendre pour guide la philosophie d'Aristote. Il n'y a là aucun jugement de valeur sur Platon. Ce qu'Aristote dit, c'est ce que Platon lui a mis en main, mais cela est établi de façon plus radicale, plus scientifique. Aristote doit donc nous préparer l'accès à Platon, il doit

1. *Ibid.*, § 1b, p. [10-11].
2. *Ibid.*, § 1b, p. [11].
3. *Ibid.*, § 1a, p. [10]. Le même thème sera développé dans le *Discours de Rectorat*, *cf.* M. Heidegger [1933], p. 6-8.
4. *Ibid.*, § 1b, p. [10] : *Der Grundsatz der Hermeneutik*; et p. [11] : *der alte Satz der Hermeneutik, dass man beim Auslegen vom Hellen ins Dunkle gehen soll.*
5. *Cf.* Aristote, *Phys.* I, 1, 184 a 10-26.

nous indiquer la direction vers le mode de questionnement caractéristique (*die charakteristische Fragestellung*) des dialogues de Platon [1].

En d'autres termes, il n'est pas de meilleure introduction à la problématicité des concepts fondamentaux du *Sophiste* (être et non-être, vérité et apparence, etc.) qu'une lecture attentive des chapitres du livre VI de l'*Éthique à Nicomaque* qui thématisent explicitement les divers modes *grecs* de *l'alètheuein* et de l'*epistèmè*. D'où la très longue « Partie introductive » du cours consacrée à Aristote (§§ 4-32) – partie dont le sens ne saurait être que le platonisme et l'aristotélisme sont, au fond, la même chose, ni que les thèses de l'aristotélisme dérivent de celles du platonisme [2]; son sens est bien plutôt que le *travail* d'Aristote dans la philosophie reprend celui de Platon *dans ses plus hautes possibilités d'interrogation*, et que c'est de cette reprise que nous dévons hériter pour, à notre tour, la reprendre.

Ces diverses considérations préparatoires sont finalement synthétisées dans un bref paragraphe (§ 1 c) que nous allons traduire et commenter en le confrontant au texte de Platon lui-même afin de mettre en évidence le trait le plus singulier de l'appropriation herméneutique heideggérienne, à savoir son désintérêt total pour la dimension politique du dialogue.

Le paragraphe en question s'intitule « Première indication du thème du *Sophiste*. Le sophiste. Le philosophe. L'être de l'étant ». Avant de revenir sur le sens de cette juxtaposition, et avant d'établir que le corollaire implicite en est l'abandon du champ politique, nous proposons la traduction suivante :

> Dans le *Sophiste*, Platon considère l'existence humaine dans une de ses possibilités extrêmes, à savoir dans l'existence philosophique. À vrai dire, Platon indique *indirectement ce qu'est le philosophe, car il expose en contrepoint ce qu'est le sophiste*. Et cela, il ne l'indique pas en exposant un programme vide, c'est-à-dire en expliquant ce qu'on devrait faire si l'on voulait être philosophe, mais <il l'indique> en

1. M. Heidegger [1924-1925], p. [11-12].

2. On mesure ici l'ampleur de l'opposition entre la méthode de l'herméneutique heideggérienne et l'*Entwicklungsgeschichte* élaborée par W. Jaeger dans son *Aristoteles* paru un an auparavant (1923). Heidegger reviendra dans ses cours ultérieurs sur ce qu'il considère comme « l'erreur fondamentale » de Jaeger, *cf.* M. Heidegger [1931], p. [45-46] = 51 ; [1930], p. [82-84] = 86-89.

philosophant. Ce n'est donc que *lorsqu'on vit soi-même dans la philosophie* qu'on peut réellement dire ce qu'est *le sophiste en tant que l'authentique non-philosophe*. Il s'ensuit que, dans ce dialogue, advient un entrelacement singulier. C'est précisément sur le chemin d'une *détermination du sens de l'être de l'étant* que Platon conquiert le sol propice à une interprétation de l'être du sophiste. Par conséquent (*Demnach* [!]) nous prendrons nous-mêmes une première vue d'ensemble *en nous orientant vers ce qu'Aristote dit de l'étant et de l'être*[1].

L'énumération contenue dans le titre de ce paragraphe, « Le sophiste. Le philosophe. L'être de l'étant », doit être comprise comme une *série graduée* allant du plus simple au plus obscur, ou de l'objet le plus apparent au thème le plus essentiel. En effet, d'après les deux premières phrases, la question directrice, la *Leitsfrage*, du dialogue de Platon ne serait pas, comme on pourrait s'y attendre d'après son titre, « Qu'est-ce qu'être sophiste ? », mais plutôt « Qu'est-ce qu'être philosophe ? ». Plus encore, étant donné que Heidegger rappelle ici que la philosophie grecque est avant tout une modalité d'existence, une *praxis*, cette question serait « Qu'est-ce que *la vie* philosophique ? ». L'interrogation la plus apparente, celle qui porte sur l'être fluent du sophiste, ne serait là qu'en « contrepoint » méthodologique – ce qui ne veut certes pas dire en trompe-l'œil, puisque cette procédure est, en vérité, dictée par la chose même, c'est-à-dire par la vie philosophique.

En effet, si l'existence philosophique est une *praxis* questionnante, alors, nécessairement, elle ne peut, en tant que *praxis* ayant sa fin en elle-même, *s'objectiver* en face d'elle-même car, en le faisant, elle se perdrait en tant que *praxis*. L'existence philosophique ne peut donc se prendre elle-même *objectivement* pour thème d'une étude conduite sur le mode de la considération théorique[2]. Mais, si l'existence philosophique ne peut ni ne doit s'objectiver face à elle-même, elle peut fort bien *s'ob-jecter* l'existence du non-philosophe. C'est pourquoi le sophiste est l'objet que l'existence philosophique questionnante s'objecte pour le penser et, *le pensant, se vivre elle-même* comme ce qu'elle est, c'est-à-dire comme une vie en quête du sens de l'être.

1. M. Heidegger [1924-1925], § 1c, p. [12-13] ; *cf.*, tr. fr., p. 22.

2. Notons, par parenthèse, que ceci permettrait d'expliquer pourquoi Platon n'a jamais écrit le dialogue sur le *Philosophe*, qu'il avait annoncé en *Pol.* 257 b-258 b : c'est par fidélité au mode d'être de l'existence philosophique qu'il ne l'a pas fait (puisque cette existence ne peut s'objectiver sans se perdre comme *praxis*).

Cette interprétation se justifie à condition que l'on accepte le principe qui la sous-tend, à savoir que la philosophie est une *praxis*. Deux passages du *Sophiste* peuvent, dans une certaine mesure, l'accréditer : la page 216 c, où Socrate annonce, avant de céder la parole à l'Étranger, une recherche du *genos* du philosophe, et la page 253 c, où l'Étranger s'exclame : « Est-ce que, par Zeus, partis à la recherche du sophiste, il nous serait arrivé de trouver le philosophe avant le sophiste ? ». D'autre part, la lecture de Heidegger s'accorde avec l'ensemble de la tradition pour reconnaître à ce dialogue une indéniable portée ontologique : le sous-titre traditionnel du *Sophiste* n'est-il pas, en effet, « De l'être » ?

Il pourrait donc sembler que la série qui donne son titre à ce paragraphe, « Le sophiste. Le philosophe. L'être de l'étant », témoigne – lorsqu'on l'interprète comme un approfondissement allant du *Gegenstand* le plus immédiat (le sophiste) à la *Leitsfrage* sous-jacente (la vie philosophique) puis enfin à la *Grundfrage* (la question de l'être de l'étant) – d'une interprétation fidèle à Platon. Tel n'est pourtant pas le cas, et, puisque nous venons d'évoquer la fidélité, force est de reconnaître que celle que le début du *Sophiste* met en scène (car il ne s'agit de rien d'autre dans le prologue du dialogue que d'une mise en scène dramaturgique de la fidélité) a une tonalité tout autrement *politique*. Lisons, en effet, les premières lignes du dialogue platonicien :

> Fidèles à notre engagement d'hier, nous voici, Socrate, et, en notre compagnie, nous amenons cet étranger[1].

Il est tout à fait évident que Platon a voulu, en écrivant ces mots, ménager une continuité dramaturgique entre la promesse faite à la fin du *Théétète* (« Mais tôt demain matin, Théétète, rencontrons-nous ici de nouveau ») et les propos qui vont être tenus dans le *Sophiste*. Or, comme on le sait, le *Théétète* s'interrompt sur le constat purement négatif que la science n'est « ni la sensation, ni l'opinion vraie, ni la définition ajoutée à une opinion vraie »[2] : Théétète, dont Michel Narcy a judicieusement montré qu'il pratique une géométrie encore trop « sophistique »[3], a été débarrassé de ses faux savoirs, ceux que Socrate compare à « des vents

1. Platon, *Soph.* 216 a 1-2 : *Kata tèn khthes homologian, ô Sôkrates, hèkomen autoi te kosmiôs kai tonde tina xenon agomen* (tr. fr. N.-L. Cordero).

2. Platon, *Théét.* 210 a 9-b 2.

3. *Cf.* M. Narcy, *Introduction à Platon. Théétète,* Paris, GF-Flammarion, 1994, p. 42-69 (principalement p. 45-57).

qui ne valent pas la nourriture »[1], mais la question reste entièrement ouverte de savoir si ce même Théétète pourrait, après avoir subi l'épreuve de la maïeutique socratique, se trouver « en gestation d'autre chose » ou non[2]. Le dialogue en restera là car, annonce Socrate :

> Pour le présent, je dois me présenter au portique du Roi, pour affronter l'accusation de Mélétos, celle qu'il a déposée contre moi. Mais tôt demain matin, Théétète, rencontrons-nous ici de nouveau[3].

Dans la temporalité dramaturgique des dialogues, entre « hier » et aujourd'hui, c'est-à-dire entre la discussion interrompue du *Théétète* et celle qui s'amorce avec le *Sophiste*, a donc eu lieu *l'officialisation du différend entre la vie philosophique et la vie politique*, l'officialisation de la plainte pour impiété déposée auprès de l'archonte-roi : l'*anakrisis*[4]. Si Platon a cru bon de ménager cette continuité temporelle, et s'il a également cru devoir reprendre un dispositif analogue dans le *Politique* (dont l'entretien est dit se dérouler le même jour que celui du *Sophiste*), c'est assurément l'indice qu'il entendait *entrecroiser* les exposés relatifs à trois types d'hommes : le philosophe, le sophiste et le politique. Platon a donc jugé nécessaire de *ne pas séparer* le thème de l'être du thème de la politique. C'est pourquoi, il nous semble rigoureusement conforme à l'esprit du platonisme de soutenir que la formule de Heidegger, selon laquelle « le sophiste est l'authentique non-philosophe », doit *impérativement* être complétée par ce qui en constitue l'autre versant indissociable : « ...*et* le philosophe est l'authentique homme politique. »

Or, de ce versant politique des questions platoniciennes, Heidegger ne dit mot, après le long détour par le commentaire du livre VI de l'*Éthique à Nicomaque*, lorsqu'il en vient à l'étude du *Sophiste*. C'est en effet en ces termes qu'il présente le prologue du dialogue :

1. Platon, *Théét.* 210 b 9.
2. *Ibid.*, 210 b 11.
3. *Ibid.*, 210 d 1-4. Ce sont les derniers mots du dialogue.
4. Sur la procédure athénienne de l'*anakrisis*, on se reportera à l'excellente mise au point de L. Gernet, « Les *Lois* et le droit positif », Introduction (2e partie) à *Platon. Les Lois*. Texte établi et traduit par E. Des Places et A. Diès, Paris, Les Belles Lettres, 1951, p. XCIV-CCVI, (*cf.*, *p.* CXL-CXLI). En *Lois* VI, 766 d, Platon critiquera la passivité du juge qui, dans l'*anakrisis*, reçoit la plainte sans avoir à l'*instruire* à proprement parler. Platon, note L. Gernet, « a senti le besoin d'une administration de la justice qui serait une fonction active de la puissance publique » (p. CXL).

> Le dialogue commence ainsi : Théodore, accompagné de Théétète, présente un étranger à Socrate. Théodore a déjà pris part à un dialogue, précisément au dialogue qui est juste antérieur, le *Théétète*. Dans ce dialogue il était désigné comme *geômetrès* (*Théétète,* 143 b 8). Théodore fut le maître de Platon en mathématiques. Il était natif de Cyrène en Afrique du Nord. Ce Théodore-là, accompagné de Théétète, un plus jeune philosophe, vient à la rencontre de Socrate *kata tèn khthes homologian* [: « fidèles à notre engagement d'hier] (216 a 1). Ainsi est établi le lien avec le *Théétète*. Théodore amène avec lui un *xenos*, un étranger. Le dialogue commence par la présentation de cet étranger à Socrate. Nous apprenons ainsi, etc. [1].

On notera que le « lien » (*Bezug*) que Heidegger reconnaît entre les deux dialogues est en tout point *extérieur* au problème politique, puisqu'aussi bien il nous est seulement rappelé que les protagonistes des dialogues sont les mêmes, et que s'y joint un étranger venu d'Elée. Heidegger n'interroge pas le *sens* du dispositif platonicien, ce qui lui permet de refermer dans son commentaire les ouvertures possibles vers des directions du questionnement non strictement *ontologiques,* et donc de circonscrire ses analyses à ce dernier domaine. Une telle exclusion de l'arrière-plan politique soigneusement ménagé par le début du *Sophiste* permet finalement d'expliquer Platon par Aristote (un Aristote dont Jacques Taminiaux a montré qu'il était lui aussi fortement ontologisé[2]), d'où ce *demnach* assez intempestif dont nous nous étonnions dans notre traduction du paragraphe 1 c.

On remarquera aussi que Heidegger opte, dans son commentaire de la deuxième phrase du dialogue, pour la variante proposée par l'édition de John Burnet : il considère que l'Étranger est un *hetairon*, un « compagnon » qui « appartient au cercle des disciples de Parménide et de

1. M. Heidegger [1924-1925], p. [236]; *cf.*, tr. fr. p. 226. On s'étonne de lire que Théétète est un jeune « philosophe » et non un jeune mathématicien. Comme la suite du paragraphe, qui concerne l'origine de l'Étranger, considère que celui-ci est un « compagnon » de Parménide et de Zénon (cf. *infra* nos remarques sur ce point), on peut penser que Heidegger concentre autant qu'il le peut (non sans faire violence au texte) le propos autour de l'*ontologie*, de là sans doute l'épithète attribuée à Théétète.

2. Voir J. Taminiaux, *La Fille de Thrace et le penseur professionnel. Arendt et Heidegger,* Paris, Payot, 1992, p. 16-21, 51-60. Voir également Fr. Volpi, *Heidegger e Aristotele,* Padova, Daphne, 1984, chap. III, p. 65-156 ; « *Dasein* comme *praxis* : L'assimilation et la radicalisation heideggérienne de la philosophie pratique d'Aristote », dans *Heidegger et l'idée de la phénoménologie,* Dordrecht, Kluwer, 1988, p. 1-41.

Zénon » (*Genosse und Gefährte der Schüler um Parmenides und Zenon ist*)[1], plutôt que de considérer – comme plusieurs manuscrits, dont l'un parmi les plus sûrs, y autorisent – qu'il est « différent (*heteron*) des compagnons (*tôn hetairôn*) de Parménide et de Zénon », tout en étant philosophe[2]. La raison de ce choix peut être que la version retenue fait de l'Étranger un *ontologue*, un métaphysicien de la même espèce que Parménide et Zénon, ce qui permet de ne pas prendre en considération le jeu de ressemblances et de différences, le jeu du même et de l'autre que Platon a éventuellement voulu suggérer par le jeu de mots *hetairon / heteron*. On peut penser que, par ce jeu de mots, Platon pourrait fort bien avoir eu l'intention de *personnifier* en quelque sorte le non-être en l'Étranger, donnant ainsi sa forme dramaturgique à l'un des acquis doctrinaux essentiels du dialogue, selon lequel « la partie de la nature de l'autre qui est opposée à l'être de chaque chose, cela est réellement le non-être (*ontôs to mè on*) »[3]. Or, cette question du jeu de l'autre au sein du même est *indissociablement* ontologique (le montrer est le projet du *Sophiste*) *et* politique (le montrer est le projet du *Politique*, où l'art du politique est comparé au « tissage » des natures opposées). Le questionnement politique est donc écarté une nouvelle fois par le choix textuel opéré par Heidegger pour la deuxième phrase du dialogue de Platon.

Aristote ne peut donc représenter une voie d'accès aux questions abordées par Platon dans le *Sophiste* que dans la mesure où l'interprétation opte pour une radicalisation extrême du propos ontologique de ce

1. M. Heidegger [1924-1925], p. [236].

2. Trois des manuscrits du *Sophiste* (Y = cod. Vindobonensis 21, qui est l'un des quatre meilleurs; Parisinus 1814; et Vaticanus 1030) donnent *heteron* en 216 a 3, et *tous* les manuscrits portent *hetairôn* en 216 a 4. Or, la correction proposée par J. Burnet pour la ligne 216 a 3, qui fait de l'Étranger un *hetairon* de Parménide et de Zénon (correction acceptée par Heidegger), conduit cet éditeur à *supprimer* en 216 a 4, malgré le témoignage de tous les manuscrits, le mot *hetairôn*, car il apparaît alors comme redondant. N.-L. Cordero a, à notre sens, entièrement raison d'opter pour le couple *heteron / hetairon*, et de traduire : « En ce qui concerne ses origines, il naquit à Elée; cependant, il est différent des compagnons de Parménide et de Zénon, quoiqu'il soit un véritable philosophe »; *cf.* l'Annexe où le traducteur justifie ses choix, dans N.-L. Cordero, *op. cit.*, p. 281-284. Pour la tradition manuscrite, voir A. Diès, *op. cit.*, p. 297-298.

3. Platon, *Soph.* 258 e 2-3. Il faut lire en 258 e 2 *hekastou* (man. B, T, W, Y) et non pas *hekaston* (donné par Simplicius et accepté par les éditeurs modernes), *cf.* N.-L. Cordero, *op. cit.*, p. 270 n. 338; M. Dixsaut, « La négation, le non-être et l'autre dans le *Sophiste* », dans *Études sur le* Sophiste *de Platon, op. cit.*, p. 165-213 (*cf.*, p. 205 n. 46).

dialogue et reste, corrélativement, sourde aux échos politiques de la dramaturgie platonicienne. Il est temps maintenant de faire retour à la « Partie introductive » du cours, afin de montrer que la lecture heideggérienne d'Aristote et de Platon y est constamment surdéterminée par l'opposition entre l'existence philosophique et l'existence « inauthentique » ou, identiquement, par l'opposition entre *Dasein* et *man*, et que le « sol » sur lequel repose cette opposition n'est ni éthique ni politique, mais strictement ontologique.

Cette « Partie introductive » s'intitule : « La conquête de l'*alètheia* comme sol de la recherche platonicienne de l'être[1]. » Heidegger commence par s'y interroger sur le sens du verbe *alètheuein* chez Aristote. Dans ce but, il cite et commente le début du chapitre VI, 3 de l'*Éthique à Nicomaque* où Aristote écrit, comme on sait, *alètheuei hè psukhè* (...) *pente ton arithmon*[2].

Il est clair qu'il faut avant tout comprendre ce que le Philosophe entendait par *alètheuein*, et il est non moins clair que si l'on traduit *alètheia* par « vérité » (au sens d'un énoncé véritatif), *alètheuein* ne peut guère se traduire que par « énoncer ce qui est vrai » (Tricot) ou par « dire vrai » (Gauthier-Jolif). Cependant, cette apparente clarté ne résiste pas à l'examen du texte d'Aristote lui-même, puisque ce texte nous impose d'admettre que parmi les cinq modes de l'*alètheuein* trouvent place la *tekhnè* (l'art de produire, le savoir-faire) et la *phronèsis* (la prudence, la connaissance de ce qui convient à l'agir éthico-politique bien conduit). De ces deux modes d'être de l'âme humaine il est assurément fort difficile de soutenir qu'ils consistent à « énoncer ce qui est vrai » : faire et agir n'impliquent pas essentiellement un énoncé apophantique ! Ce n'est donc pas sans de solides raisons que Heidegger soupçonne la traduction latine d'*alètheia* par *veritas* d'être excessivement réductrice ; c'est du reste l'un des acquis les plus fondamentaux de son herméneutique de la tradition. Il établit ici, dès le troisième paragraphe du cours, que l'*alètheia* se comprend, *en grec*, au sens du « décèlement » ou du « dévoilement » (*Entdecktheit*) :

> *alètheia* signifie : ne plus être caché, être dévoilé (*nicht mehr verborgen sein, aufgedeckt sein*). Cette expression privative signifie que les Grecs

1. M. Heidegger [1924-1925], p. [21] : *Einleitender Teil. Die Gewinnung der alètheia als des Bodens der platonischen Seinsforschung.*
2. Aristote, *Eth. Nic.* VI, 3, 1139 b 15-16.

> savaient que l'être-à-découvert du monde (*das Unverdecktsein der Welt*) doit être conquis (*errungen*), qu'il est quelque chose qui n'est pas donné à disposition de prime abord et la plupart du temps [1].

L'*alètheia* se gagne donc, pour un Grec, dans un combat contre le voilement de ce qu'est le monde – voilement qui provient, selon Heidegger, d'une part de la méconnaissance pure et simple qui peut affecter l'existence quotidienne (*das alltägliche Dasein*), et d'autre part du recouvrement opéré par le discours banal de l'opinion (*das Gerede*). On doit cependant remarquer que, si l'opinion peut recouvrir le monde tel qu'il est, c'est que ce monde *se donne à nous tout premièrement*, car on ne peut recouvrir que ce qui s'est déjà, de lui-même, découvert :

> La non-occultation est une détermination de l'étant pour autant qu'il <nous> fait encontre (*Die Unverborgenheit ist eine Bestimmung des Seienden, sofern es begegnet*)[2].

L'*alètheia*, donc, est le fait du monde, ce qui signifie que ce monde est à partir de lui-même *aufgedeckt*, « dévoilé » ; mais par ailleurs, l'acte du dévoilement est le fait du *Dasein* et de lui seul. Pour le dire autrement, l'étant se donne à découvert dans son être-même, mais cet acte dépend de l'acteur véritable du dévoilement, le *Dasein*, lequel ressortit d'un mode d'être que l'on peut dire : *aufdeckendsein*, « être-dévoilant ». Finalement, à l'étant « dévoilé » appartient l'*alètheia*, et au *Dasein* « dévoilant » appartient en propre l'*alètheuein*. Nous nous trouvons ainsi face à une *double* détermination de ce que l'on appelle traditionnellement la vérité :

– L'étant lui-même « fait encontre » (*begegnet*, verbe actif) comme être-à-découvert. Il se donne en (sa propre) vérité, c'est pourquoi Heidegger écrira dans *Sein und Zeit* que, chez Aristote, « l'*alètheia* est identifiée avec le *pragma*, les *phainomena*, [et] signifie les “choses mêmes”, ce qui se montre, *l'étant dans le comment de son être-à-découvert* » [3]. En ce sens, la vérité appartient à, et détermine, l'étant *avant* tout jugement. Ce sens phénoménologique de la vérité est donc plus originaire que celui, traditionnel, d'*adæquatio*.

1. M. Heidegger [1924-1925], § 3a, p. [16].
2. *Ibid.*, p. [17].
3. M. Heidegger [1927], § 44b, p. [219] = 163 : *Die alètheia (...) mit pragma, phainomena gleichgesetzt wird, bedeutet die “Sachen selbst”, das, was sich zeigt,* das Seiende im Wie seiner Entdecktheit.

– Le *Dasein*, quant à lui, est vrai au sens où il est « dévoilant » (*entdeckend*, participe présent), c'est-à-dire au sens où il est le lieu existential de l'actualisation de la vérité : « il est essentiellement "vrai". Le *Dasein* est "*dans la vérité*". Cet énoncé a un sens ontologique » [1]. Ceci est « le phénomène *le plus originaire* de la vérité » en tant qu'*alètheuein* [2].

Ce qui vient ainsi d'être « conquis » peut se résumer en ces termes : le *Dasein* est le plus originairement « véritatif » car, par lui, advient (et même *existe*) la vérité qui est celle *de l'étant*. Grâce à cette clarification aristotélicienne du sens originaire de l'*alètheuein* et de celui de l'*alètheia*, conclut Heidegger,

> nous conquérons le *sol* sur lequel se meuvent les recherches de Platon relatives à l'être de l'étant comme monde et à l'être de l'étant comme *Dasein* humain (l'être de l'existence philosophique connaissante) [3].

Nous voici donc parvenus au point exact où s'articulent l'interprétation de l'*Éthique à Nicomaque* et celle du *Sophiste*. On nous permettra de citer assez longuement le passage crucial :

> Avant qu'Aristote n'énumère les modes de l'*alètheuein*, il dit : *alètheuei hè psukhè*. La vérité est donc certes une caractéristique de l'étant pour autant qu'il <nous> fait encontre, mais elle est néanmoins, au sens authentique, une *détermination de l'être du* Dasein *humain lui-même*. C'est pourquoi tout effort du *Dasein* en vue de la connaissance doit s'opposer au recouvrement de l'étant, <recouvrement> dont les trois modalités sont : 1. la méconnaissance, 2. l'opinion régnante, 3. l'erreur. Le *Dasein* humain est donc ce qui est authentiquement vrai ; il est dans la vérité (si nous traduisons *alètheia* par vérité). Être-vrai, être-dans-la-vérité, compris comme une détermination du *Dasein*, signifie : mettre à chaque fois à disposition, en le dévoilant, l'étant avec lequel le *Dasein* a commerce.
>
> Ce qui est ainsi plus fermement conceptualisé par Aristote, Platon l'avait déjà vu : *hè ep' alètheian hormômenè psukhè* (cf. *Soph*, 228 c 1 *sq.*), l'âme s'élance, à partir d'elle-même, hors d'elle-même sur la voie de la vérité, vers l'étant pour autant qu'il est non recouvert. À l'opposé, il est dit de *hoi polloi : tôn pragmatôn tès alètheias aphestôtas* (*Soph.* 234 c 4 *sq.*), ils sont encore loin du dévoilement des choses en question *(Sachen)*. Nous voyons par là que nous trouvons chez Platon la même

1. M. Heidegger [1927], § 44b, p. [221] = 164.
2. *Ibid.*, p. [220-221] = 164 : *das* ursprünglichste *Phänomen der Wahrheit.*
3. M. Heidegger [1924-1925], p. [22-23] ; *cf.*, tr. fr. p. 30-31.

orientation que chez Aristote. On doit postuler chez eux une même et unique position des questions fondamentales du *Dasein*. L'âme, l'être de l'homme, est donc, à strictement parler, ce qui est dans la vérité[1].

Deux brèves citations du *Sophiste* devraient ainsi nous assurer que le « sol » commun aux analyses de Platon et d'Aristote est celui des *Grundfrage des Daseins* et, aussi bien, celui de l'opposition entre l'existence authentique et celle, inauthentique, du « on ». L'examen du contexte de ces deux citations fait pourtant apparaître que leur sens est extrêmement différent...

La formule de la page 228 c, citée par Heidegger, évoque certes « l'âme qui s'élance vers la vérité », mais elle le fait dans un contexte argumentatif très spécifique : celui de la sixième définition du sophiste comme *purificateur des âmes* de ceux qui l'écoutent[2]. Auparavant dans le dialogue, le sophiste avait été défini – en usant de diverses analogies à la suite de celle du pêcheur à la ligne, et, à chaque fois, dans un registre fortement péjoratif – comme possédant une technique d'acquisition ou d'appropriation : « chasseur de jeunes gens riches, en quête de salaire »[3], ou encore « marchand, commerçant de détail des connaissances à usage de l'âme »[4], puis disputeur, « lutteur dans les raisonnements »[5]. C'étaient autant de visages de l'art d'acquérir une emprise sur les âmes des auditeurs, autant d'aspects fondamentalement négatifs de l'art de les captiver / capturer. Mais la sixième définition est beaucoup plus *positive*, elle est même dangereusement positive. Si l'on se souvient, en effet, de la division initiale des techniques en techniques acquisitives et productives[6], on peut remarquer que, jusqu'à la page 226 b, la discussion n'a porté *que* sur des techniques d'acquisition (appropriation, commerce, capture, etc.). À partir de cette page, l'Étranger et Théétète vont être amenés à considérer un aspect bien plus dangereux du sophiste : non seulement il est capable de s'approprier des connaissances, de les vendre contre salaire et d'en disputer à l'infini devant un auditoire captivé, mais

1. *Ibid.*, p. [23].
2. *Cf.* Platon, *Soph.* 226 c-231 c.
3. *Ibid.*, 231 d 2 (qui résume la première « chasse » au sophiste en 218 b-223 b).
4. Cf. *ibid.*, 231 d 5-8 (qui résume 223 b 7-224 d 2).
5. *Ibid.*, 231 e 1 (qui résume 225 a 2-226 a 4).
6. *Cf.* Platon, *Soph.* 219 a-d.

il peut aussi *en produire*, devenant ainsi éminemment inquiétant par sa proximité avec le philosophe[1].

Abordant ce nouvel aspect de la sophistique, l'Étranger procède par analogie avec ces « travaux domestiques » qu'on peut nommer des « techniques de séparation » (carder, dévider, tramer). Ce sont des techniques relevant du *katharmos*, de la « purification » entendue comme séparation du pire d'avec le meilleur[2]. Pour l'âme, il en va de même que pour les corps physiques : il existe un art capable de la purifier de ses désaccords et déséquilibres internes grâce à une sorte de « purification » adaptée à sa nature, à savoir une purification par réfutation (*elenkhon*) :

> C'est pour cela, Théétète, qu'il faut proclamer que la réfutation est la plus importante et la plus juste des purifications (*megistè kai kuriôtatè katharseôn esti*), et qu'il faut dire en même temps que celui qui n'est pas réfuté, même s'il est le Grand Roi, restera impur et conservera inculte et enlaidie ce qui devrait être la chose la plus pure et la meilleure pour celui qui aspire au véritable bonheur[3].

Et c'est, à vrai dire, s'adonner à « la sophistique de haut lignage » (*hè genei gennaia sophistikè*)[4], que d'entreprendre de purger les âmes de leurs dissensions internes, disproportions et déviances, puisqu'en effet « ignorer, c'est le fait d'une âme qui s'élance vers la vérité, mais qui dévie »[5]. On aura évidemment reconnu dans le cœur de cette dernière citation l'un des deux brefs fragments du *Sophiste* cités par Heidegger. Nous disions que la prise en considération du contexte de ce fragment conduit à le comprendre en un tout autre sens que celui que lui attribue le cours de 1924-1925 ; c'est ce qui apparaît maintenant clairement. Au vu de l'ensemble des arguments présentés par Platon depuis le début du dialogue, on peut en effet tenir pour assuré qu'aux lignes 228 c 1 *sq.*, loin que la sophistique se voit renvoyée du côté de la *doxa*, du « on » inauthentique radicalement opposé à l'existence philosophique (ou, dans la terminologie du cours, du côté du « on » opposé à l'*aufdeckendes*

1. Le retour à la première division des techniques (acquisitives / productives) est annoncé en 226 a 6-b 3 : « l'animal » (*sc.* : le sophiste) s'avère difficile à « prendre d'une seule main », remarque l'Étranger. Théétète répond : « Il faut donc y mettre les deux » ; c'est l'indication métaphorique du second trajet, celui des « techniques de séparation ».

2. *Cf.* Platon, *Soph.* 226 d 5-10.

3. *Ibid.*, 230 d 6-e 3.

4. *Ibid.*, 231 b 7-8.

5. *Ibid.*, 228 c 10-11.

Dasein), elle est rapprochée au plus près de la maïeutique cathartique de Socrate ! Avec la sixième définition du sophiste, nous nous trouvons bel et bien, pour reprendre l'image célèbre de notre dialogue, entre chien et loup[1], sur la « frontière » (*horos*)[2] entre ressemblance et dissemblance, même et autre, être et non-être.

Là, donc, où Platon *expose* la philosophie au risque de « la sophistique de noble lignage », là où il prend, en somme, en compte les soupçons d'Aristophane[3], Heidegger s'efforce, tout au contraire, de radicaliser l'opposition entre l'authenticité philosophique et l'inauthenticité sophistique (et il le fait sous la forme de l'opposition ontologique cardinale *Dasein / man*). Rien, dans les lignes 228 c 1 *sq.*, n'autorise véritablement une lecture de la formule *hè ep' alètheian hormômenè psukhè* au sens d'un élan de l'âme, « à partir d'elle-même, hors d'elle-même » vers la vérité, puisque Platon insiste au contraire sur la « déviation » de l'âme impure et sur *la valeur cathartique de la discussion* (une discussion de type *socratico-sophistique*). L'appropriation herméneutique heideggérienne, la « violence » si l'on veut, est par conséquent manifeste – ce qui ne veut pas dire qu'elle soit injustifiée : elle se justifie dans la mesure où toute lecture est une interprétation *appropriative*.

Ce trait caractéristique est confirmé par la seconde référence qui est faite au *Sophiste* (234 c 4 *sq.*). Revenons ici encore au texte de Platon. Après la « pause » récapitulative qui suit la sixième définition du sophiste que nous venons de commenter, on passe à l'analyse de la deuxième espèce des techniques de production des connaissances : on a évoqué la production par « séparation » cathartique, parlons maintenant de la production mimétique (*to mimètikon*). Le paradigme le plus simple et le plus évident en est la peinture en trompe-l'œil; il suffit de suivre l'analogie chère à Platon pour en arriver au fragment cité par Heidegger :

> Eh bien ! Ne sommes-nous pas à même de supposer qu'il y a une autre technique, s'occupant, elle, des raisonnements (*peri tous logous*) et dont il arrive qu'elle soit à son tour capable d'ensorceler les jeunes gens (*tous*

1. Cf. *ibid.*, 231 a 6-b 1.

2. *Ibid.*, 231 a 9.

3. On ne peut guère douter en effet, lorsqu'on pense aux derniers paragraphes du *Théétète* concernant la maïeutique *négative* (cathartique) de Socrate, de ce que « la sophistique de noble lignage » lui soit attribuable (*cf.* N.-L. Cordero, *op. cit.*, p. 224 n. 79). À la raillerie des *Nuées* d'Aristophane, Platon oppose cependant le sérieux d'une discussion critique des mérites de la maïeutique de Socrate.

> *neous*) encore loin de la vérité des phénomènes (*ton pragmatôn tès alètheias aphestôtas*), et ce par l'intermédiaire de propos qui, destinés aux oreilles, montrent des images parlées de toutes choses (*eidôla legomena peri pantôn*), afin de leur faire croire que ce qu'ils écoutent est vrai et que celui qui a parlé est le plus sage de tous [1] ?

On trouve sans conteste, dans ce passage, l'idée d'un égarement de l'âme loin du dévoilement des phénomènes eux-mêmes, et l'on comprend fort bien l'intérêt, pour l'exégèse heideggérienne, d'une formule telle que *tôn pragmatôn hè alètheia*. Ceci est parfaitement légitime. En revanche, on aura sans doute remarqué que le texte cité jusqu'ici ne fait aucunement allusion à *hoi polloi*, mais à *hoi neoi*. Platon n'oppose donc pas (du moins pas *ici)* les égarements de la foule, ceux du « on », à l'authentique visée philosophique de la vérité des choses; il évoque simplement la séduction exercée par la mauvaise mimétique panurgique, ou polytechnique, sur des âmes encore jeunes et peu au fait de la *pratique* des réalités phénoménales (car il s'agit précisément des *pragmata* et non des *onta*).

En substituant *hoi polloi* à *hoi neoi*, Heidegger surdétermine donc théorétiquement l'allusion de Platon aux « jeunes gens » inexperts dans leur pratique; il subsume en fait la possibilité du dévoilement pratique des *pragmata* sous celle du dévoilement ontologique des *onta* par le *Dasein* engagé dans l'existence philosophique authentique. Cette subsomption de la *praxis* sous la *theôria* est un thème récurrent de l'ontologie fondamentale[2] et, dans cette mesure, elle ne saurait nous

1. Platon, *Soph.* 234 c 2-7.

2. *Cf.* M. Heidegger [1933], p. 8-10; [1922], p. 41-43. De ce dernier texte on peut extraire la phrase emblématique suivante : « La *phronèsis* est l'éclairement du commerce (*Umgangserhellung*) qui contribue au déploiement temporel de la vie dans son être » (p. 42), où on lit l'ontologisation de la prudence aristotélicienne *via* la structure du « souci » et du *Worumwillen*. Heidegger ajoute : « L'*alètheia praktikè* n'est rien d'autre que l'instant – tel qu'il est à chaque fois dévoilé en son entier – de la vie facticielle dans le comment de son être décidément prête pour elle-même » (*ibid.*). La seule *praxis* authentique est donc, finalement, celle de la *Sorge : praxis* « *existentiale* », si l'on peut dire, qui donne leur authenticité aux actes du *Dasein* solitaire, et à laquelle s'oppose l'affairement inauthentique du « on » livré à l'étant. Aristote a, quant à lui, cherché à penser, comme le remarque J. Taminiaux, le « lien essentiel entre la *praxis* et la pluralité » (*op. cit.*, p. 66); or, conclut l'auteur, « ce lien essentiel et l'ambiguïté qui en découle, n'est-ce pas précisément ce qu'oblitère la tentative d'édifier l'ontologie fondamentale sur la base de la *praxis* entendue comme la libre transcendance du *Dasein* qui comprend l'être dans l'exacte mesure où il

surprendre. Il est, en revanche, assez étonnant de constater que *hoi polloi* est effectivement présent dans le texte de Platon, quelques lignes plus bas, dans un contexte manifestement en contradiction avec le rôle que Heidegger fait jouer à cette expression au sein de l'opposition *Dasein/man*. Platon écrit en effet, immédiatement après le passage précédent :

> Mais, Théétète, pour la plupart (*tous pollous*) de ceux qui ont écouté ces discours [*sc.*les discours qui relèvent de la mimétique panurgique du sophiste], quand le temps s'est écoulé et qu'ils ont avancé en âge, se rapprochant des choses, obligés qu'ils sont par les épreuves de saisir clairement les réalités, n'est-il pas nécessaire qu'ils abandonnent pour d'autres leurs anciennes opinions ? Ils trouveront ainsi petit ce qui leur semblait grand, difficile ce qui leur semblait facile, et toutes les illusions des discours <précédents> (*ta en tois logois phantasmata*) seront dès lors totalement renversées par les effets produits par la pratique (*hupo tôn en tais praxesin ergôn paragenomenôn*)[1].

Hoi polloi n'a pas dans ce texte, on le constate aisément, un sens péjoratif, mais traduit bien plutôt une indéniable *confiance* de Platon relativement à l'apprentissage au fil des expériences vécues, et sans nul doute aussi réfléchies. Nous avons montré dans les chapitres précédents qu'on peut trouver chez Aristote une semblable confiance dans l'apprentissage réfléchi auprès des *pragmata* ou des *phainomena*, et que ceci ne doit pas être simplement mis au compte de son supposé « empirisme ». Nous voyons de même ici que « l'idéalisme » platonicien ne laisse pas de témoigner un certain optimisme à l'égard de l'existence sensible, puisqu'il va jusqu'à supposer que « la plupart » des jeunes âmes (celles, sans doute, qui montrent un bon naturel) peut trouver dans la pratique réfléchie de la vie nombre d'occasions propices à dissiper les charmes des « images parlées ». Il est donc réellement très paradoxal que Heidegger ait lu *dans ce texte* une opposition tranchée entre l'élan de l'âme *solitaire* vers la vérité et l'ignorance de la foule – une ignorance entretenue et flattée par des sophistes parlant (on serait tenté de dire : *cela va de soi*) au nom de la *doxa*. Mais en fait, ce paradoxe n'est perceptible

existe résolument à dessein de soi seul ? » (*ibid.*). *Cf.* aussi J. A. Barash, *Heidegger et son siècle. Temps de l'Être, temps de l'histoire,* Paris, P.U.F., 1995, p. 51-69.

1. Platon, *Soph.* 234 d 2-e 2. Cet apprentissage par la pratique des *pragmata* (que Diès glose ingénieusement par « les réalités vivantes », *op. cit.*, p. 332) n'est pas sans évoquer la région des « choses humaines » à laquelle Aristote donnera, comme nous l'avons dit, un statut théorique précis dans sa philosophie éthico-politique.

que si l'on accepte de remettre en question l'opinion très communément partagée concernant les jugements (supposés) tout uniment péjoratifs de Platon sur la sophistique, c'est-à-dire si l'on accepte l'hypothèse que, dans le *Sophiste*, la vie philosophique s'objecte très sérieusement à elle-même un adversaire de poids dont Platon ne se contente pas de dire qu'il flatte la foule. Le paradoxe de l'interprétation heideggérienne est ainsi qu'elle reproduit une *doxa* fort commune au sujet des sophistes !

Synthétisons, pour conclure, les motifs essentiels de cette interprétation : elle oppose l'authenticité du *Dasein* à l'inauthenticité du « on » en négligeant la prise en compte de l'arrière-plan politique des questions abordées dans le dialogue de Platon; elle subsume le dévoilement pratique des phénomènes sous l'ouverture ontologique à l'être de l'étant; elle ne fait, enfin, guère cas de la dimension cathartique de la parole échangée. Ces motifs nous semblent constituer autant d'indices d'un « incompréhensible » éthico-politique que la pensée de Heidegger n'a, selon toute vraisemblance, jamais affronté. On peut nommer cette dimension éthico-politique, toujours tenue en marge de l'ontologie fondamentale (même et surtout à l'époque de la *geistige Führung*, c'est-à-dire en 1933-1934), la dimension de la « pluralité »[1], ou celle de la « communauté »[2]. On peut encore la nommer, tout simplement, la *philosophie pratique*.

Hériter aujourd'hui de l'ontologie fondamentale et de ce qui lui est demeuré « incompréhensible » consiste, par conséquent, à entreprendre la constitution théorique d'une philosophie de la *praxis* dans laquelle le dévoilement pratique des phénomènes, la *connaissance pratique*, ne soit à aucun égard dépendant du dévoilement théorique des étants. Nous avons à poser les principes d'une philosophie constituant les phénomènes éthico-politiques comme des objets théoriques autonomes.

1. *Cf.* H. Arendt, *The Human Condition*, New York, 1958 ; tr. fr. G. Fradier, *Condition de l'homme moderne*, Paris, Calmann-Lévy, 1961, *passim*, en particulier chap. I, p. 15-30 (p. 16 : « La pluralité est la condition de l'action humaine »), et chap. V, p. 197-278.

2. Voir J.-L. Nancy, *La Communauté désœuvrée*, Paris, Bourgois, 1986, *passim*.

ŒUVRES DE HEIDEGGER CITÉES DANS L'APPENDICE

HEIDEGGER Martin [1922], « Phänomenologische Interpretationen zu Aristoteles (Anzeige der hermeneutischen Situation) », *Dilthey-Jahrbuch*, 1989 (tr. fr. J.-Fr. Courtine, *Interprétations phénoménologiques d'Aristote. Tableau de la situation herméneutique*, Mauvezin, T.E.R., 1992).

– [1924-1925], *Platon : Sophistes, G.A. 19*, Frankfurt am Main, Klostermann, 1992 (tr. fr. J.-Fr. Courtine, P. David, D. Pradelle et Ph. Quesne, Paris, Gallimard, 2001).

– [1927], *Sein und Zeit*, Tübingen, 1979[15] (tr. fr. E. Martineau, *Être et Temps*, h. c., 1985).

– [1927-2], *Die Grundprobleme der Phänomenologie, G.A. 24*, Frankfurt am Main, Klostermann, 1975 (tr. fr. J.-Fr. Courtine, *Les Problèmes fondamentaux de la phénoménologie*, Paris, Gallimard, 1985).

– [1930], *Vom Wesen der menschlichen Freiheit; Einleitung in die Philosophie, G.A. 31*, Frankfurt am Main, Klostermann, 1982 (tr. fr. E. Martineau, *De l'essence de la liberté humaine. Introduction à la philosophie*, Paris, Gallimard, 1987).

– [1931], *Aristoteles : Metaphysik IX 1-3; von Wesen und Wirklichkeit der Kraft, G.A. 33*, Frankfurt am Main, Klostermann, 1981 (tr. fr. B. Stevens et P. Vandevelde, *Aristote, Métaphysique Θ 1-3. De l'essence et de la réalité de la force*, Paris, Gallimard, 1991).

– [1933], *Die Selbstbehauptung der deutschen Universität.* (tr. fr. G. Granel, *L'auto-affirmation de l'université allemande*, Mauvezin, T.E.R., 1982).

– [1936-1946], *Nietzsche*, Bd. II, Pfullingen, Neske, 1961 (tr. fr. P. Klossowski, *Nietzsche*, t. II, Paris, Gallimard, 1971).

– [1938], « Die Zeit des Weltbildes », dans *Holzwege,* Frankfurt am Main, Klostermann, 1950 (tr. fr. W. Brokmeier, « L'époque des conceptions du monde », dans *Chemins qui ne mènent nulle part,* Paris, Gallimard, 1962).

– [1946], *Ueber den Humanismus,* Frankfurt am Main, Klostermann, 1946 (tr. fr. R. Munier, « Lettre sur l'humanisme », dans *Questions III,* Paris, Gallimard, 1966).

– [1950-1959], *Unterwegs zur Sprache, G.A. 12,* Frankfurt am Main, Klostermann, 1985 (tr. fr. J. Beaufret, W. Brokmeier et Fr. Fédier, *Acheminement vers la parole,* Paris, Gallimard, 1976).

– [1951-1952], *Was heisst Denken ?,* Tübingen, Niemeyer, 1954 ; tr. fr. A. Becker et G. Granel, *Qu'appelle-t-on penser ?,* Paris, P.U.F., 1959.

INDEX DES NOMS PROPRES

ANTIQUITÉ

ALCMÉON 59
ALEXANDRE D'APHRODISE 9
ANTIOCHUS D'ASCALON 36
ARISTOPHANE 149
ASPASIUS 9
AUGUSTIN 36

CHRYSIPPE 36
CICÉRON 36, 84, 108

DÉMOCRITE 91

EMPÉDOCLE 59, 97
EUDOXE 45

HÉSIODE 62, 73, 132
HIPPOCRATE 58, 112
HIPPODAMOS 18, 98, 100, 103
HOMÈRE 70, 71, 73

ISOCRATE 14
LYCURGUE 18

PANÉTIUS 36
PARMÉNIDE 131, 142, 143
PHALÉAS DE CHALCÉDOINE 98
PHILOLAOS 63
PITTACOS 58, 100
POLYBE 108
POSIDONIUS 36
PROTAGORAS 115, 122, 123, 124, 129, 130, 131

QUINTILIEN 84

SIMPLICIUS 143
SOPHOCLE 73, 127

THÉOGNIS 58, 62
THÉOPHRASTE 36

VARRON 36

XÉNOPHON 15

ZÉNON 129, 142, 143
ZÉNON DE CITTIUM 129

ÉPOQUE MODERNE

ACKRILL J. 41, 42, 47, 48, 49
ANSCOMBE G.E.M. 15
AUBENQUE P. 10, 11, 19, 26, 29, 37, 41, 42, 46, 56, 59, 75, 91, 94, 95, 110, 112, 113, 128
ARENDT H. 31, 73, 76, 77, 142, 152
BADIOU A. 74, 75, 77
BARKER E. 9, 22
BARNES J. 24
BENVENISTE E. 116, 117
BERTI E. 94
BIEN G. 7, 8, 9, 12, 20, 37, 54, 76, 77, 79, 89, 91, 93, 119, 126
BODÉÜS R. 8, 10, 13, 17, 37, 89, 93, 94, 95, 104, 113
BOUTOT A. 128, 132
BOUTROUX E. 34
BRAGUE R. 57, 110, 134
BRUNSCHVICG L. 93
BRUNSCHWIG J. 40, 54
BURNET J. 25, 35, 37, 119, 142, 143

CANTO-SPERBER M. 40
COOPER J.M. 34, 40, 66
CORDERO N. 132, 140, 143, 149
COULOUBARITSIS L. 62, 90, 91, 109, 110, 119
COURTINE J.-Fr. 110, 133

DEFOURNY M. 9
DEFRADAS J. 13, 17
DERRIDA J. 116
DESCARTES R. 126, 130
DETIENNE M. 72, 73
DIÈS A. 46, 132, 141, 143, 151
DIXSAUT M. 143
DUMOULIN B. 61

FESTUGIÈRE A.-J. 119, 122
FOLLON J. 92

GAUTHIER R.-A. 9, 10, 11, 13, 17, 25, 28, 34, 35, 36, 38, 39, 42, 44, 46, 50, 58, 59, 62, 63, 66, 111, 112, 113, 114, 117, 119, 122, 124, 144
GAUTHIER-MUZELLEC M.-H. 39, 58, 62
GENETTE G. 84
GERNET L. 141
GILL M.L. 92
GRANEL G. 133

HAMELIN O. 91
HARDIE W.F.R. 47, 48
HEGEL G.W.F. 89, 135
HEIDEGGER M. 54, 74, 92, 127-152
HOCUTT M. 92
HUSSERL E. 64, 124, 131, 132

IOPPOLO A.M. 46, 48

JAEGER W. 13, 39, 138
JOACHIM H.H. 9, 28, 35, 62, 94, 122
JOLIF J.-Y. (voir Gauthier R.-A.)

KALINOWSKI G. 48
KANT E. 26, 53, 54, 55, 60, 62, 66, 118, 130, 135

LABARRIÈRE J.-L. 40
LACOUE-LABARTHE Ph. 74, 77
LE BLOND J.-M. 56, 93
LESNIEWSKI St. 48, 49
LEZSL W. 91
LORAUX N. 74
LUTHER M. 117

MARION J.-L. 126, 134
MARTINEAU E. 80, 81, 133
MÉRIDIER L. 28
MEYER Fr. 49
MOREAU J. 90, 110, 119, 120, 122
MOREL P.-M. 55
MOUTSOPOULOS E. 55, 59, 61

NANCY J.-L. 152
NARCY M. 123, 140
NEWMAN W.L. 13, 97, 105
NUSSBAUM M. 54, 65
NUYENS Fr. 34

OWEN G.E.L. 18, 24

PELLEGRIN P. 19, 40, 49, 89, 91, 96, 97, 103, 105, 109

RICHIR M. 64, 65
RICŒUR P. 57, 78, 80, 82, 84
ROBIN L. 91, 93
RODIER G. 34, 35, 40
ROMEYER DHERBEY G. 23
RORTY A.O. 40, 41, 53
ROSS W.D. 9, 13, 20, 28, 45, 46
ROSSET Cl. 74
ROUX G. 66, 107
RUSSELL B. 49

SCHÜSSLER I. 40, 43, 121
SOUILHÉ J. 9, 10, 28, 35, 58, 62, 63
STEVENS A. 90, 91, 102, 104

TAMINIAUX J. 142, 150
THOMAS D'AQUIN 125, 130
TRICOT J. 9, 13, 17, 20, 22, 28, 35, 39, 66, 114, 120, 122, 144

URMSON J.O. 53

VERGNIÈRES S. 11, 12
VERNANT J.P. 73
VIDAL-NAQUET P. 77
VLASTOS G. 92
VOGEL C. J. (de) 36
VOLPI Fr. 37, 142

WILSON J.R. 58

YATES Fr. A. 84

TABLE DES MATIÈRES

CHAPITRE PREMIER : Aristote et le savoir politique. La question de l'architectonie 7

CHAPITRE II : L'ordre du bonheur. Les paradoxes aristotéliciens sur le bonheur et les vertus 33

CHAPITRE III : À-propos éthique et médiété axiologique chez Aristote 53

CHAPITRE IV : *Mimèsis* et métaphore chez Aristote. Deux institutions paradoxales de la vérité 69

CHAPITRE V : Le jeu causal dans la *Politique* d'Aristote. Eidétique et typique 89

CHAPITRE VI : La dynamique de l'*hexis* chez Aristote. L'état, la tenue et la limite 111

APPENDICE : Heidegger entre Platon et Aristote. Ontologie fondamentale, sophistique et politique 127

ŒUVRES DE HEIDEGGER DANS L'APPENDICE 153

INDEX DES NOMS PROPRES 155

TABLE DES MATIÈRES 159

ACHEVÉ D'IMPRIMER
EN NOVEMBRE 2006
PAR L'IMPRIMERIE
DE LA MANUTENTION
A MAYENNE
FRANCE
N° 295-06

Dépôt légal : 4e trimestre 2006

DANS LA MÊME COLLECTION

H. CHERNISS : *L'Énigme de l'ancienne Académie*, suivie en Appendice de E. N. TIGERSTEDT : *Le Système caché*. Introduction et traduction de L. Boulakia, Avant-propos de L. Brisson, 232 p., 1993.

J.-Y. CHATEAU, *Philosophie et religion. Platon,* Euthyphron, traduction et commentaire, 320 p., 2005.

– (dirigé par) : *La Vérité pratique. Aristote,* Éthique à Nicomaque, *livre VI*, 376 p., 1997.

M. DIXSAUT, *Le Naturel philosophe. Essai sur les Dialogues de Platon*, 424 p., 1985, 2e éd. 1994, 1998, 3e éd. corrigée, 2001.

– (dirigé par) : *Contre Platon I. Le Platonisme dévoilé*, 464 p., 1993.

– (dirigé par) : *Contre Platon II. Renverser le platonisme*, 322 p., 1995.

– (dirigé par) : *La Fêlure du plaisir. Études sur le* Philèbe *de Platon* (avec la collaboration de F. Teisserenc) :

– *1. Commentaires*, 1999.

– *2. Contextes*, 1999.

– (dirigé par) : *La Connaissance de soi. Études sur le* Traité 49 *de Plotin,* (avec la collaboration de P.-M. Morel et K. Tordo-Rombaut), 320 p., 2002.

– (dirigé par) : *Études sur la* République *de Platon* :

– *1. De la justice. Éducation, psychologie et politique,* (avec la collaboration de A. Larivée), 360 p., 2005.

– *2. De la science, du bien et des mythes*, (avec la collaboration de F. Teisserenc), 336 p., 2005.

La Folie humaine et ses remèdes. Platon, Charmide *ou* De la modération, traduction, commentaire et notes de M.-F. HAZEBROUCQ, 360 p., 1997.

A. GIGANDET : *Fama deum. Lucrèce et les raisons du mythe*, 448 p., 1997.

V. GOLDSCHMIDT : *Platonisme et pensée contemporaine*, 272 p., 1990.

H. JOLY : *Le Renversement platonicien. Logos, epistèmè, polis*, 408 p., 3e éd., 1994.

NIETZSCHE, RITSCHL, ROHDE, WILAMOWITZ, WAGNER : *Querelle autour de* La Naissance de la tragédie. Introduction et traduction de M. Cohen-Halimi, M. Marcuzzi, H. Poitevin, 304 p., 1995.

Ontologie et dialogue. Hommage à Pierre Aubenque, textes réunis par N. L. CORDERO, 324 p., 2000.

A. PIGLER : *Plotin, une métaphysique de l'amour. L'amour comme structure du monde intelligible*, 304 p., 2002.

Platon 1990-1995 : bibliographie, par L. BRISSON (avec la collaboration de F. Plin), 416 p., 1999.

Platon 1995-2000 : bibliographie, par L. BRISSON (avec la collaboration de B. Castelnérac), 384 p., 2004.

La Rhétorique *d'Aristote. Traditions et commentaires de l'Antiquité au XVIIe siècle,* textes réunis par G. DAHAN, I. ROSIER-CATACH, 360 p., 1997.

S. ROSEN : *Le* Politique *de Platon. Tisser la cité*, préface de l'auteur à la traduction française, traduction d'É. Helmer, 256 p., 2004.

S. ROUX : *La Recherche du principe chez Platon, Aristote et Plotin*, 380 p., 2004.

Leo Strauss : art d'écrire, politique, philosophie – texte de 1941 et études, dirigé par L. JAFFRO, B. FRYDMAN, E. CATTIN, A. PETIT, 320 p., 2001.

D.P. TAORMINA : *Jamblique, critique de Plotin et de Porphyre. Quatre études*, 192 p., 1999.

K. THEIN : *Le Lien intraitable. Enquête sur le temps dans la* République *et le* Timée *de Platon*, 352 p., 2001.

THÉMISTIUS : *Paraphrase de la* Métaphysique *d'Aristote (livre lambda)*, traduit de l'hébreu et de l'arabe. Introduction, notes et *indices* par Rémi BRAGUE, 176 p., 1999.

La Vérité pratique. Aristote, Éthique à Nicomaque, *livre VI*, textes réunis par J.-Y. CHATEAU, 376 p., 1997.

C. VIANO : *La Matière des choses. Le livre IV des* météorologiques *d'Aristote et son interprétation par Olympiodore*, 400 p., 2006.

A.G. WERSINGER : *Platon et la dysharmonie. Recherches sur la forme musicale*, 336 p., 2001.